GUIDE COMPLET DE NUMÉROLOGIE

Je dédie ce livre à mon défunt père qui aurait eu beaucoup de plaisir à me taquiner sur ma numérologie, et aussi au professeur Henri Gazon qui fut le premier grand numérologue à s'installer au Québec. Il fut d'ailleurs mon professeur d'astrologie et de numérologie. C'est avec reconnaissance et amitié que je lui dois cet ouvrage.

Merci à mes enfants et à mon époux, qui ont toujours respecté ma philosophie.

Merci à ma mère qui m'a permis de la citer en exemple.

Merci aux Éditions de Mortagne qui ont bien voulu accepter de publier ce livre.

Brenda Piché

GUIDE COMPLET DE NUMÉROLOGIE

Editions de Mortagne

Édition:
Les Éditions de Mortagne
250, boul. Industriel
Boucherville, (Québec)
J4B 2X4

Diffusion:
Tél.: (514) 641-2387

Couverture:
Studio Parole

Dépôt légal:
Bibliothèque nationale du Canada
Bibliothèque nationale du Québec
1er trimestre 1987

ISBN: 2-89074-235-0

3 4 5 6 – 87 – 92 91 90 89

Imprimé au Canada

MOT DE L'AUTEURE

Nous avançons à grand pas vers l'An 2000, qui est depuis quelques années ou le sera dans quelques années *selon certains auteurs*, l'ère du Verseau. Mon but n'est pas de trancher cette question, mais plutôt d'informer les gens de la raison pour laquelle la vie d'aujourd'hui nous oblige à nous adapter constamment à de nouvelles valeurs et aussi à de nouvelles situations.

La planète Uranus qui est maître du Verseau est celle de l'originalité, de la recherche, de la nouveauté, du progrès et de l'invention. Le signe du Verseau est celui de l'humanité; c'est un signe intellectuel et profond. Il incline vers de nouvelles sciences, qui, en réalité, existent déjà depuis des millénaires mais qui refont surface sous différentes formes, à cause de l'évolution de l'homme.

Si vous remarquez, nous avons le désir, la soif de tout connaître, de savoir qui nous sommes et où nous allons. Les informations nous viennent de tous côtés: télévision, radio, journaux, etc. Nous sommes sollicités par mille et une choses et tout cela à une vitesse folle qui nous conduit au stress. L'Orient tend à se matérialiser et l'Occident à se spiritualiser.

Étant astrologue, j'aurais pu écrire un livre sur cette science fascinante pour tous. Pourquoi ai-je choisi alors la Numérologie? Parce qu'elle est accessible à tous. Il suffit de savoir lire, additionner et soustraire. Elle donne des résultats extraordinaires, autant au niveau du caractère que des prévisions.

C'est vrai, qu'il y a plusieurs ouvrages sur la Numérologie, ainsi que sur l'Astrologie, le Tarot, etc. Mais jusqu'à maintenant, je n'ai pu trouver aucun volume complet en soi, ouvrage qui a pu me permettre de pratiquer la Numérologie à fond. S'il en existe un, je l'ignore!

Quoi qu'il en soit, je m'efforcerai à travers ces pages de vous transmettre mes connaissances afin que vous puissiez pratiquer cette science et surtout comprendre à fond la Numérologie. Elle ne fait pas partie des sciences dites divinatoires. Tout comme l'Astrologie, elle ne demande que du doigté et de la finesse dans l'interprétation.

Afin de pouvoir réaliser mon but qui est de livrer mes connaissances dans un langage très simple, je ferai paraître deux ouvrages, qui se complèteront l'un l'autre.

TOME 1: GUIDE COMPLET DE LA NUMÉROLOGIE (À la découverte du caractère).

TOME 2: GUIDE COMPLET DE LA NUMÉROLOGIE (Les prévisions).

Pourquoi deux ouvrages sur la Numérologie?

D'après mon expérience, beaucoup de gens sont d'avantage intéressés par *Que va-t-il m'arriver*? plutôt que *Qui suis-je*? et *Comment faire pour m'améliorer*? Comment peut-on faire face aux événements de la vie, saisir les chances quand elles passent, si nous ne connaissons pas vraiment notre potentiel, nos qualités, nos défauts et les leçons que nous avons à apprendre dans cette vie présente?

Après avoir compris et assimilé à fond le premier ouvrage sur la Numérologie du caractère, vous serez en mesure, mes chers lecteurs, de faire face à la deuxième partie qui s'avère très intéressante et qui se rapporte aux événements ou prévisions.

Je vous apprendrai à vibrer par les nombres de façon positive.

Ne sautez pas d'étapes, lisez ce livre ligne par ligne. Vous arriverez à des résultats formidables. Avoir la chance de se connaître, de se comprendre, de s'aimer et d'aimer les autres, c'est enfin être capable de se réaliser sur la route du bonheur.

TABLE DES MATIÈRES

DEUXIÈME PARTIE

TROISIÈME PARTIE

INTRODUCTION

Je ne veux pas m'étendre indument sur l'origine de la Numérologie, mais je trouve important de vous dire que, selon Pythagore, *toute la vie procède et s'agence selon les nombres*.

Comme nous le savons, Pythagore est le *père des mathématiques*.

Il est né à Samos, vers l'an 582 avant J.-C. Il était un mystique scientifique et un grand philosophe. Pour lui, le nombre était un lien qui unissait le Ciel et la Terre ainsi que l'Esprit à la matière. Bien sûr, avant lui, d'autres peuples ont laissé des écrits où l'on pouvait retrouver cette science sous d'autres aspects. Mais disons que dans notre monde occidental, nous devons à Pythagore la renaissance des nombres.

Jeune, il était attiré par la nature, il cherchait à en pénétrer continuellement les secrets. Son initiation auprès des prêtres égyptiens dura environ vingt-deux ans selon certains auteurs. On dit qu'après la mort du grand Pharaon, il fut déporté à Babylone où il continua d'étudier avec des prêtres chaldéens.

Il revint à Samos, où il fonda une école du nom de *Sainte Tetraktys*. Il mourut vers l'an 490 avant J.-C.

Cinquante années plus tard, l'incendie de Métaponte fit disparaître ses disciples, sauf un, qui se nommait Philolaos, qui vendit les livres de la doctrine secrète de Pythagore. C'est donc grâce à un ami que Platon en prit connaissance et continua l'œuvre du *Grand Maître Pythagore.*

Il est impossible de changer notre passé, mais nous pouvons améliorer notre futur. La Numérologie peut aider les gens à mieux se comprendre, se connaître et se diriger. On peut la comparer à une carte marine qui indique au capitaine du navire, non seulement son lieu de destination, mais aussi les récifs, les bancs de sable et les bas-fonds de son itinéraire.

Selon l'auteure Florence Cambell, découvrir la signification de chaque nombre est le premier pas important en Numérologie. Chaque nombre possède trois degrés de comparaison: 1- Positif, 2- Négatif, 3- Destructif.

Les nombres ont le pouvoir de nous aider, si nous choisissons de vivre positivement. Par contre, si nous optons pour le laisser-aller, ils nous font vibrer négativement et si nous allons vraiment dans la mauvaise direction, les nombres nous mènent à la destruction. La majorité des personnes sont honnêtes et constructives ou du moins essaient de l'être. À l'occasion, nous pouvons vibrer négativement. Il est très important de respecter la loi de la gravitation si nous ne voulons pas être attirés par le côté destructif des nombres. La plupart des gens destructifs sont faciles à reconnaître dans notre société; nous nous en rendons compte soit par leur agressivité toujours croissante et entretenue par le désir malsain de tout détruire autour d'eux, ce qui tend à abaisser leur taux vibratoire.

Donc, vibrons positivement tous les jours et nous serons heureux. C'est vrai qu'il peut y avoir des accidents de parcours qui limitent nos actions, qui nous attachent à des milieux plutôt qu'à d'autres, mais il ne faut jamais oublier *que nous avons toujours la liberté de choisir et d'agir.*

RÈGLES À SUIVRE

1- Pour pratiquer la Numérologie, nous utilisons le prénom, le nom de famille et aussi la date de naissance.

2- C'est le nom écrit sur l'acte de naissance qui doit être utilisé. Plusieurs auteurs vont même jusqu'à prendre tous les prénoms écrits sur le baptistère. Je pense qu'il n'est pas nécessaire d'aller si loin. Seul le prénom utilisé tous les jours est à retenir.

3- Beaucoup de personnes ont des surnoms comme Jacques (Coco) ou Jocelyne (Jo-Jo). Si ces surnoms sont utilisés régulièrement depuis la naissance, nous devons les prendre en considération. Ils apportent des variantes dans le caractère de la personne, en mieux ou en pire. Si vous décidez à l'âge de 10, 15 ou 20 ans de changer la façon d'écrire votre nom, exemple: Denise pour Denyse, vous devrez utiliser celui qui est sur l'acte de naissance. Beaucoup d'artistes changent leur nom et prénom à un moment donné dans leur vie, et il est certain que ce changement apportera une nuance à leur caractère, tout comme le surnom en apporte un, mais les racines du vrai nom demeurent.

4- En ce qui concerne les femmes mariées, toujours utiliser le nom de famille de jeune fille.

5- Une naissance prématurée ne change rien à la charte numérologique d'une personne.

6- Si vous faites la numérologie de deux personnes qui ont le même nom et sont nées le même jour, mois et année, (ce qui est très rare), vous analysez à ce moment tous les prénoms inscrits sur l'acte de naissance.

7- Nous pouvons changer notre prénom ou nom si cela nous rend plus positif, mais cet intervention est très délicate car il est important de connaître à fond la Numérologie ou sinon demandez de l'aide à un numérologue compétent.

8- Notre prénom, nom et date de naissance est notre véritable carte d'identité pour la vie et c'est avec elle que nous pourrons découvrir avec précision ce que nous sommes, ce qui nous manque et ce que l'on doit faire pour atteindre l'harmonie dans notre vie.

9- Il est essentiel de suivre les étapes et de bien analyser tous les points de vue pour bien comprendre l'ensemble. Je fais souvent la comparaison d'un graphique numérologique à un bilan d'entreprise. C'est le portrait que l'on prend à un moment donné, pour savoir comment un individu se comporte, ce qu'il doit améliorer, éviter et affronter. C'est le même principe qui est utilisé pour la Numérologie. C'est à vous de le découvrir, et je vous donne tous les outils nécessaires pour le faire. Le défaut le plus courant que nous avons tendance à faire, c'est de sauter trop rapidement aux conclusions, sans analyser les points importants. Je ne veux pas vous décourager. Mon but est de vous faire comprendre que la science de la Numérologie tout comme l'Astrologie, demande beaucoup de doigté dans l'interprétation et ce n'est qu'avec de la patience, de la persévérance et de la pratique, que nous parvenons à faire une synthèse de notre carte d'identité.

PREMIÈRE PARTIE

CHAPITRE 1

COMMENT DRESSER UN GRAPHIQUE NUMÉROLOGIQUE

Afin de dresser un graphique numérologique, il est nécessaire d'utiliser le prénom, le nom et la date de naissance, ce qui permet de mieux nous situer pour l'analyse et l'interprétation d'un thème. Ce premier chapitre vous fera découvrir la façon de monter ce graphique ou charte numérologique.

1- Les chiffres de base employés par la Numérologie sont les chiffres de 1 à 9. Nous avons aussi les nombres 11 et 22 qui correspondent à des vibrations supérieures.

2- Tous les nombres au-dessus de 9, exceptions faites du 11 et du 22 se simplifient par une réduction théosophique.

3- Une réduction théosophique se fait à partir du nombre 10, excluant les nombres 11 et 22.

le nombre 10 (1 + 0 = 1)
le nombre 12 (1 + 2 = 3)
le nombre 13 (1 + 3 = 4)
le nombre 19 (1 + 9 = 10 et 1 + 0 = 1)
le nombre 23 (2 + 3 = 5)

4- Les voyelles sont A E I O U Y.

Les consonnes sont B C D F G H J K L M N P Q R S T V W X Z.

5- Au niveau de notre prénom et nom, nous avons cinq nombres à découvrir.
   1- Nombre de l'actif
   2- Nombre de l'hérédité
   3- Nombre de l'expression
   4- Nombre de l'idéal
   5- Nombre de réalisation

Il est important de vous familiariser avec les noms de ces nombres, à savoir que l'actif est le prénom, l'hérédité est le nom de famille, l'expression est le total du nom et prénom, l'idéal se situe au niveau des voyelles du prénom et du nom et que le nombre de réalisation, au niveau des consonnes du prénom et du nom.

Entrons maintenant dans les détails:

GRAPHIQUE NUMÉROLOGIQUE

Chaque lettre de l'alphabet possède sa propre vibration numérologique ou valeur numérique.

A = 1	J = 10/1	S = 19/1	A J S = 1	
B = 2	K = 11	T = 20/2	B K T = 2	K = 11
C = 3	L = 12/3	U = 21/3	C L U = 3	
D = 4	M = 13/4	V = 22	D M V = 4	V = 22
E = 5	N = 14/5	W = 23/5	E N W = 5	
F = 6	O = 15/6	X = 24/6	F O X = 6	
G = 7	P = 16/7	Y = 25/7	G P Y = 7	
H = 8	Q = 17/8	Z = 26/8	H Q Z = 8	
I = 9	R = 18/9		I R = 9	

Exemple: J U L I E T T E B E A U D R Y
1 3 3 9 5 2 2 5 2 5 1 3 4 9 7

LE NOMBRE ACTIF

Le total de la valeur numérique de notre prénom après réduction théosophique se nomme * NOMBRE ACTIF*. Il influence notre comportement. C'est notre moi intérieur, le fond de notre nature.

Exemple: B R E N D A
2 9 5 5 4 1 = 2+9+5+5+4+1 = 26
2+6 = 8

LE NOMBRE D'HÉRÉDITÉ

Le total de la valeur numérique de notre nom de famille se nomme * HÉRÉDITÉ *. C'est notre moi extérieur. Il représente l'influence de nos ascendants et de notre éducation.

Exemple: P I C H É
7 9 3 8 5 = 7+9+3+8+5 = 32 (3+2 = 5)

LE NOMBRE D'EXPRESSION

Le total de l'actif et de l'hérédité se nomme * EXPRESSION *. Il se compose du moi intérieur et extérieur, il est donc le reflet de nos talents, possibilités, actions, qualités, faiblesses. Il est très important dans l'analyse de notre charte.

Exemple: B R E N D A = 8
P I C H É = 5
8+5 = 13 (1+3 = 4)

LE NOMBRE DE L'IDÉAL

Le nombre de * L'IDÉAL * se compose de la valeur numérique des voyelles du prénom et du nom de famille. Il représente nos désirs profonds et nos aspirations.

Exemple: B R E N D A
5 1 = 6
P I C H É
9 5 = 14

LE NOMBRE DE RÉALISATION

Le nombre de * RÉALISATION * est le total des consonnes du prénom et du nom de famille. Il représente nos désirs profonds et nos aspirations.

Exemple: B R E N D A P I C H É
2 9 5 4 7 3 8
20 = 2 18 = 9
9+2 = 11 = 2

Reprenons avec un autre exemple: JULIETTE BEAUDRY née le 29 juin 1911

Idéal:	22/4	16/7	38/11
Voyelles:	3 9 5 5	5 1 3 7	
PRÉNOM + NOM:	J U L I E T T E	B E A U D R Y	
Consonnes:	1 3 2 2	2 4 9	
Réalisation:	8	15/6	23/5
Total des lettres:	1 3 3 9 5 2 2 5	2 5 1 3 4 9 7	
ACTIF:	30/3		
HÉRÉDITÉ:		31/4	
EXPRESSION:	30/3	31/4	61/7

Remarque:

Comme vous le voyez, j'inscris 22/4 et 16/7. Le total pour le nombre de l'idéal est 38/11. Le 8 et le 15/6 pour les consonnes donnent 23/5 pour le nombre de réalisation et ainsi de suite pour le nombre actif, d'hérédité et d'expression.

Juliette a le nombre IDÉAL 11, de RÉALISATION 5, ACTIF 3, HÉRÉDITÉ 4 ET EXPRESSION 7. Les nombres 22, 16, 38, 15, 23, 30, 31 et 61 se nomment sous-nombres. Ils sont très importants parce qu'ils apportent une touche particulière dans l'interprétation d'une charte numérologique dont l'explication vous sera donnée plus loin.

LA VIBRATION DE NAISSANCE

Elle se compose du JOUR, du MOIS et de l'ANNÉE de votre naissance. Certains auteurs nomment ce nombre CHEMIN DE VIE, ÉGO, NOMBRE DU VOYAGE, ETC. Tout au long de ce livre, je lui attribue le nom de VIBRATION DE NAISSANCE. Ce nombre nous indique les routes à suivre, les avantages reçus, les dangers encourus et aussi notre comportement sur cette route.

Exemple: 1- Juliette Beaudry née le 29 juin 1911

Jour —	Mois —	Année	
29	6	1911	1 + 9 + 1 + 1 = 12
29	6	12	= 47/11

Exemple: 2- Brendra Piché née le 8 juillet 1942

Jour —	Mois —	Année	
8	7	1942	1 + 9 + 4 + 2 = 16
8	7	16	= 31/4

Exemple: 3- Sylvain né le 13 janvier 1962

Jour —	Mois —	Année	
13	1	1962	1 + 9 + 6 + 2 = 18
13	1	18	= 32/5

Exemple: 4- Chantal née le 25 mars 1973

Jour —	Mois —	Année	
25	3	1973	1 + 9 + 7 + 3 = 20
25	3	20	= 48/3
			4 + 8 = 12 et 1 + 2 = 3

Les sous-nombres nous permettent de lire entre les lignes, nous donnant ainsi plus de détails, à savoir que la vibration 1 peut provenir d'un 10, 19, 28, 37, 46, 55 et ainsi de suite, pour les autres nombres de base.

En aucun cas, on ne peut changer sa date de naissance.

Juliette a une vibration de naissance	11
Brenda a une vibration de naissance	4
Sylvain a une vibration de naissance	5
Chantal a une vibration de naissance	3

Comment découvrir les nombres manquants ou leçons karmiques, les nombres en excès ainsi que les nombres karmiques? Vous devez faire la différence entre les nombres karmiques et les leçons karmiques.

Les nombres karmiques sont: 13, 14, 16, 19 et 26.

Même s'il en appert comme tel, ce n'est pas un produit du hasard si nous sommes nés à une date précise et que notre nom soit X,Y OU Z. Nous devons obéir à la loi de l'évolution. Car nous avons des leçons à apprendre lors de notre passage sur Terre, une mission à accomplir et aussi des dettes à payer, résultat de nos vies antérieures. Cet loi se nomme le KARMA qui signifie loi de causes à effets. En deux mots, nous récoltons ce que nous avons semé. Durant notre passage sur Terre, nous subissons les karmas de nos autres vies, mais nous pouvons en créer de nouveaux, pour des vies futures. Le karma peut être autant positif que négatif, mais je ne veux pas entrer dans ces détails car ce n'est pas le but de ce livre.

LES LEÇONS KARMIQUES OU LES NOMBRES MANQUANTS

Pour découvrir les nombres manquants, on se sert du prénom et du nom de famille. Voici un exemple:

B	R	E	N	D	A		P	I	C	H	É
2	9	5	5	4	1		7	9	3	8	5

GRAPHIQUE KARMIQUE

Nombre 1:	1 fois
Nombre 2:	1 fois
Nombre 3:	1 fois
Nombre 4:	1 fois
Nombre 5:	3 fois
Nombre 6:	0 fois
Nombre 7:	1 fois
Nombre 8:	1 fois
Nombre 9:	2 fois
Total:	11 lettres

Pour être certain de ne pas se tromper, on compte le nombre de lettres du prénom et du nom et le résultat doit correspondre au total des lettres additionnées, mentionnées plus haut. Si la quantité des nombres est la même, elle nous donne la preuve; sinon, revérifiez les lettres et trouvez votre erreur. Donc, nous pouvons conclure que Brenda aura le nombre 6 comme nombre manquant. Reprenons l'exemple de:

J U L I E T T E B E A U D R Y
1 3 3 9 5 2 2 5 2 5 1 3 4 9 7

GRAPHIQUE KARMIQUE

Nombre 1:	2 fois
Nombre 2:	3 fois
Nombre 3:	3 fois
Nombre 4:	1 fois
Nombre 5:	3 fois
Nombre 6:	0 fois
Nombre 7:	1 fois
Nombre 8:	0 fois
Nombre 9:	2 fois
Total:	15 lettres

LES NOMBRES EN EXCÈS

Les nombres en excès ne sont pas des leçons karmiques mais des qualités exagérées qui deviennent des petits défauts à corriger.

Note: Un nombre est en excès lorsqu'il dépasse trois fois la quantité. Il est important de toujours rester logique dans la proportion des lettres. Reprenons avec un autre exemple.

H E N R I E T T E G A L A R N E A U
2 5 5 9 9 5 2 2 5 7 1 3 1 9 5 5 1 3

GRAPHIQUE KARMIQUE

Nombre 1:	3 fois
Nombre 2:	3 fois
Nombre 3:	3 fois
Nombre 4:	0 fois

Nombre 5:	6 fois
Nombre 6:	0 fois
Nombre 7:	1 fois
Nombre 8:	1 fois
Nombre 9:	3 fois
Total:	18 lettres

Le nombre 5 est en excès, s'il dépasse 5 fois la quantité. Dans cet exemple, la personne a 6 fois le nombre 5, ce qui représente le 1/3 des lettres. Retournez voir l'exemple de Brenda dont le nombre 5 apparaît 3 fois, ce qui représente le 1/4 des lettres. Donc, vous voyez comme c'est important de considérer tous les petits détails avant d'analyser une charte numérologique.

Dans l'exemple de Juliette Beaudry, le 6 et le 8 sont manquants, le 2 et le 3 sont considérés comme étant en excès. L'interprétation des leçons karmiques, des nombres en excès et des nombres karmiques vous est donnée dans la deuxième partie de cet ouvrage.

Note: Si un nombre manquant se retrouve au niveau de la date de naissance, la leçon à apprendre est atténuée ou annulée.

Voici un exemple pour mieux vous faire comprendre.

J U L I E T T E B E A U D R Y née le 29-6-1911
1 3 3 9 5 2 2 5 2 5 1 3 4 9 7

Nous savons que Juliette a comme nombres manquants, le nombre 6 et le nombre 8. Remarquons aussi que le 6 apparaît dans sa date de naissance au niveau du mois. Lors du passage en année personnelle 6 (les explications vous seront données dans le deuxième ouvrage), Juliette sera capable de faire face à ses responsabilités.

LES NOMBRES KARMIQUES

Nous avons vu que les nombres manquants dans notre prénom et nom signifient les leçons karmiques que nous devons apprendre sur terre. Voici maintenant d'autres nombres que l'on nomme karmiques et qui sont: 13/4, 14/5, 16/7, 19/1, et 26/8. Ils sont différents des leçons karmiques et sont considérés souvent comme maléfiques, c'est-à-dire qu'ils s'appliquent plus sévèrement que les leçons karmiques et seulement à ceux qui ont abusé des lois de la nature dans leurs vies passées. Ces nombres peuvent se situer au niveau du nombre de l'idéal (voyelles), de la réalisation (consonnes), de l'expression (total du prénom et nom) et de la vibration de naissance.

LES SOUS-NOMBRES:

On appelle sous-nombres, tous les nombres avant réduction théosophique. Il est très important en Numérologie que vous respectiez la façon de monter la charte numérologique et de toujours écrire le sous-nombre avant le nombre de base. J'insiste sur ce point parce que plusieurs volumes ne s'occupent pas des sous-nombres. Les sous-nombres sont les chiffres 10 à 78. La définition vous sera donnée dans un chapitre ultérieur.

Voici maintenant un exemple concernant la façon de dresser une charte numérologique. Avant de passer à la prochaine étape qui est celle de découvrir l'aspect positif et négatif ainsi que le tempérament d'un individu, je vous invite à relire cette partie afin de vous assurer de bien comprendre comment dresser une charte ou graphique numérologique. Appliquez-vous à bien saisir la base de la Numérologie avant de passer à l'interprétation.

CHARTE NUMÉROLOGIQUE DE **JULIETTE BEAUDRY, née le 29 Juin 1911**

A	J	S	=	1
B	K	T	=	2
C	L	U	=	3
D	M	V	=	4
E	N	W	=	5
F	O	X	=	6
G	P	Y	=	7
H	Q	Z	=	8
I	R		=	9

GRAPHIQUE KARMIQUE

Nombre 1:	2
Nombre 2:	3
Nombre 3:	3
Nombre 4:	1
Nombre 5:	3
Nombre 6:	0
Nombre 7:	1
Nombre 8:	0
Nombre 9:	2
Total:	15 lettres

PRÉNOM: Juliette

NOM: Beaudry

DATE de NAIS: 29 Juin 1911

ÉLÉMENTS

feu 1 – 3 – 9	3
terre 4 – 8 – 6	4
air 5 – 6 – 11	11 – 5 – 11 – 11
eau 2 – 7 – 22	7

	mental	physique	émotif	intuitif	total
CARDINAL	A	E	O R I Z	K	
	A	E E E	R I	—	6
MUTABLE	H J N P	W	B S T X	F Q U Y	
	J	—	B T T	U U Y	7
FIXE	G L	D M		C V	
	L	D			2
TOTAL	3	4	7	3	15 lettres

REMARQUES: V.N. = 29 – 6 – 1911
29 – 6 – 12 = 47/11

Le 6 apparaît à la date de naissance

Le 14, au niveau du nombre de réalisation est un nombre secondaire (très faible) Int: J = 1 – B = 2 = 3

NOMBRES à retenir

ACTIF: 30/3
HÉRÉDITÉ: 31/4
EXPRESSION: 61/7
IDÉAL: 38/11
RÉALISATION: 23/5
VIBRATION de NAISSANCE: 47/11
JOUR DE NAISSANCE: 29/11
Nombres karmiques: 16
Leçons karmiques: 6-8
Nombres en excès: 2-3
Nombres maîtres: 38-47
SOUS-NOMBRES: 22-15-23-30-31-61-29

IDÉAL	22/4												16/7 = 38/11												11
VOYELLES			3		9	5			5					5	1	3			7						
PRÉNOM + NOM		J	U	L	I	E	T	T	E				B	E	A	U	D	R	Y						
CONSOMMES		1		3			2	2					2				4	9							
RÉALISATION	8/8												15/6 = 23/14												5
PRÉNOM + NOM		1	3	3	9	5	2	2	5				2	5	1	3	4	9	7						
EXPRESSION	ACTIF 30/3												HÉRÉDITÉ 31/4 = 61/7												7

CHARTE NUMÉROLOGIQUE DE **BRENDA PICHÉ, née le 8 Juillet 1942**

A J S	= 1		
B K T	= 2		
C L U	= 3		
D M V	= 4		
E N W	= 5		
F I X	= 6		
G P Y	= 7		
H Q Z	= 8		
I R	= 9		

GRAPHIQUE KARMIQUE

Nombre 1:	1
Nombre 2:	1
Nombre 3:	1
Nombre 4:	1
Nombre 5:	3
Nombre 6:	0
Nombre 7:	1
Nombre 8:	1
Nombre 9:	2
Total:	11 lettres

PRÉNOM: Brenda

NOM: Piché

DATE de NAIS: 8 Juillet 1942

ÉLÉMENTS

feu	1 – 3 – 9	
terre	4 – 8 – 6	4 – 4 – 8 – 8
air	5 – 6 – 11	5 – 11 – 11
eau	2 – 7 – 22	7

	mental	physique	émotif	intuitif	total
CARDINAL	A	E	O R I Z	K	
	A	E E	R I	—	5
MUTABLE	H J N P	W	B S T X	F Q U Y	
	H N P	—	B		4
FIXE	G L	D M	—	C V	
	—	D	—	C	2
TOTAL	4	3	3	1	11 lettres

REMARQUES: V.N. = 8 – 7 – 1942
8 – 7 – 16 = 31/4

Le nombre 9 est en excès «légèrement» parce qu'il appar; dans la date de naissance.

NOMBRES à retenir

ACTIF: 26/8
HÉRÉDITÉ: 32/5
EXPRESSION: 58/4
IDÉAL: 11
RÉALISATION: 11
VIBRATION de NAISSANCE: 31/4
JOUR DE NAISSANCE: 8
Nombres karmiques: 13-14-
Leçons karmiques: 6
Nombres en excès: 9
Nombres maîtres: 11-
SOUS-NOMBRES: 26-32-58-20-20-18-38-31-

IDÉAL	6/6							14/5 = 20/11						11
VOYELLES			5			1			9			5		
PRÉNOM + NOM	B	R	E	N	D	A		P	I	C	H	É		
CONSONNES	2	9		5	4			7		3	8			
RÉALISATION	20/2							18/9 = 38/11						11
PRÉNOM + NOM	2	9	5	5	4	1		7	9	3	8	5		
EXPRESSION	ACTIF 26/8							HÉRÉDITÉ 32/5 = 13/4						4

À retenir:

Le nombre actif, le nombre de l'hérédité, le nombre d'expression, le nombre de l'idéal, le nombre de réalisation, le nombre de la vibration de naissance. Les nombres manquants, les nombres en excès, les nombres karmiques et les sous-nombres.

COMMENT DÉCOUVRIR L'ASPECT POSITIF ET NÉGATIF DE NOTRE CARACTÈRE

La première question que nous devons nous poser est: Comment fait-on pour savoir si on est positif ou négatif? Eh bien voilà! Chaque nombre correspond à un élément de la nature comme c'est le cas de chaque signe du zodiaque en Astrologie.

Ces éléments sont au nombre de quatre:

— Le Feu
— La Terre
— L'Air
— L'Eau

C'est une des parties les plus importantes de la Numérologie. Un nombre dégage des vibrations positives et négatives, et pour arriver à faire une analyse logique, nous avons des règles à respecter. Je me repète souvent mais pour bien pratiquer cette science, la base est très importante et c'est cette base qui vous permet, par la suite, de développer votre intuition afin de parvenir à faire une bonne interprétation.

Tout comme en Astrologie, nous savons que l'élément FEU s'agence bien avec L'AIR et l'élément TERRE avec l'élément EAU.

Nombre	**Élément**	
1	feu	**Feu et air:** 1 3 5 6 9 11
2	eau	**Terre et eau:** 2 4 7 8 22
3	feu	
4	terre	1 est compatible avec 3 5 6 9 11
5	air	2 est compatible avec 4 7 8 22
6	air	
7	eau	1 est incompatible avec 2 4 7 8 2

8	terre	2 est incompatible avec 1 3 5 6 9 11
9	feu	
11	air	Et ainsi de suite...
22	eau	

Il y a en chacun de nous une proportion ou combinaison des quatres éléments, feu, terre, air et eau.

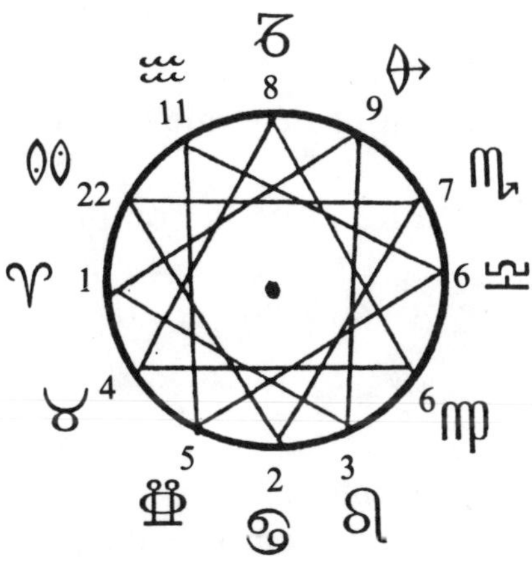

Dans le cercle ou roue céleste, les quatre triangles figurés représentent les douze signes astrologiques.

Le triangle 1, 3, 9, ou triangle de feu, correspond au Bélier, Lion et Sagittaire.

Le triangle 4, 6, 8, ou triangle de terre représente le Taureau, la Vierge et le Capricorne.

Le triangle 5, 6, 11, ou triangle d'air représente les Gémeaux, la Balance et le Verseau.

Le triangle 2, 7, 22, ou triangle d'eau représente le Cancer, le Scorpion et les Poissons.

Vous remarquez que le nombre 6 apparaît deux fois. La raison en est que ce nombre est double et qu'il s'applique aux éléments terre et air.

L'élément FEU représente les sentiments.
L'élément TERRE représente le monde matériel ou le physique.
L'élément AIR représente l'esprit.
L'élément EAU représente la raison.

Ne confondez pas les nombres avec les signes astrologiques; ils n'ont aucun rapport pour le moment.

Chaque triangle contient trois degrés:
1er: Relation personnelle
2e: Relation de groupe
3e: Relation universelle

Le triangle de FEU 1, 3, 9

Le 1 indique l'action, le changement et l'énergie individuelle.
Le 3 indique la lumière et la beauté pour la communauté.
Le 9 représente l'amour comme principe universel.

Le triangle de TERRE 4, 6, 8

Le 4 indique la patience par l'endurance.
Le 6 représente l'amour de ceux qui nous entourent et le soucis de leurs besoins matériels.
Le 8 utilise ses pouvoirs dans le monde physique.

Le triangle d'AIR 5, 6, 11

Le 5 représente la liberté, la versatilité et la compréhension de la vie.
Le 6 correspond à l'élévation, à la dévotion, au service.
Le 11 est basé sur un idéal et apporte une révélation de l'univers.

Le triangle d'EAU 2, 7, 22

Le 2 est paisible, calme, conscient de ses émotions et réactions.
Le 7 correspond au fluide des plans mental et spirituel et marque le passage des idées et des pensées qui conduiront à la sagesse ceux qui la cherchent.
Le 22 est l'eau du caractère fondamental indiquant tous les plans. On dit que c'est une énergie qui produit la plus haute activité.

À RETENIR:

1- Les nombres semblables sont les éléments feu avec air et les éléments terre avec eau.

2- Les nombres similaires sont feu avec feu, terre avec terre, air avec air et eau avec eau.

3- Les nombres opposés sont feu avec eau et terre avec air.

L'élément similaire feu et feu donne trop de force et de puissance.

L'élément similaire terre et terre apporte de la lenteur et du matérialisme.

L'élément similaire air et air rend superficiel et instable.

L'élément similaire eau et eau apporte de l'instabilité et de la méditation.

Les principaux nombres que nous devons analyser sont: L'IDÉAL, L'EXPRESSION, LA RÉALISATION ET LA VIBRATION DE NAISSANCE. Nous pouvons aussi ajouter le nombre du jour de naissance.

Nous devons faire la comparaison entre eux afin de nous permettre de découvrir les ajustements que nous avons à faire, si nous voulons vibrer positivement.

Dans le thème d'une personne, il y a deux facteurs importants à considérer:

1. Les nombres sont-ils semblables, similaires ou opposés?
2. Quels sont les éléments, c'est-à-dire le FEU, la TERRE, l'AIR OU l'EAU?

Le terme nombres semblables veut dire du même élément, c'est-à-dire des nombres qui sont compatibles entre eux, comme terre avec eau ou feu avec air, 4 et 7 ou bien 1 et 5.

Les nombres similaires sont deux nombres semblables comme 3 et 3 ou 4 et 4.

Les nombres opposés sont le feu et l'eau ou la terre et l'air, ou bien eau et air et feu et terre comme 1 et 2 ou 4 et 5 ou 22 et 11 ou 5 et 8.

ÉTAPES À SUIVRE:

1. Regardez les éléments.
2. Il y a opposition? Si oui, cela indique que nous pouvons rencontrer des frustations; nous aurons la sensation de vouloir crier ce que nous ne pouvons exprimer.
3. La similarité entre ces deux nombres produit trop de puissance et de force, de matérialisme ou d'instabilité ou, au contraire, amène de la lenteur, de l'ennui et de la nonchalance et aussi de l'indifférence selon la nature des éléments.
4. Si le nombre de l'idéal et le nombre de l'expression sont similaires, il y a danger d'excès ou de négation.

Si l'on entreprend quelque chose, soit que l'on en fasse trop et alors on devient saturé. Donc les positifs des deux nombres se changent en négatif.

5. Si le nombre de l'idéal et de l'expression sont compatibles ou semblables, ceci indique une entente entre nos désirs intimes et notre personnalité. Nous avons donc affaire à une personne franche qui se sent bien dans sa peau.

LE NOMBRE DE L'IDÉAL ET LE NOMBRE DE LA VIBRATION DE NAISSANCE

6: En premier lieu, regardez les éléments de ces deux nombres.

7: Si ces deux nombres sont similaires, notre vie sera facile et heureuse et nous aurons la chance de faire ce que nous désirons.

8: Si ils sont complémentaires, il y aura plus de développement, d'accroissement que dans la combinaison précédente. C'est l'enthousiasme et la stimulation qui fait la différence.

9: Si ils sont en opposition, nous aurons de la difficulté à trouver les occasions et aussi à exprimer ce que nous désirons.

LE NOMBRE DE L'EXPRESSION ET DE LA VIBRATION DE NAISSANCE

10: Regardez les éléments.

11: Si ces deux nombres sont similaires, la route est facile et la destinée se déroule sans problème. Cela nous donne la chance d'acquérir un certain perfectionnement.

12: Si ils sont complémentaires, nous pourrons surmonter les difficultés et serons en mesure d'exploiter nos talents.

13: Si ils sont en opposition, il y aura des ajustements à faire et peu d'harmonie. Nous avons la sensation d'être limité, et freiné.

14: Si le jour de naissance est en opposition avec les vibrations de naissance, vous aurez des ajustements à faire, surtout jusqu'à l'âge de 28 ans environ. Si ces deux nombres sont similaires, il faudra les comparer avec le nombre d'expression et celui de l'idéal afin de déterminer les aspects.

15: Il est très important de remarquer que les nombres manquants dans notre nom sont des leçons à apprendre sur terre. Si un nombre manquant apparaît dans le nombre d'expression, de l'idéal, la réalisation et la vibration de naissance, les leçons seront plus difficiles. Si la vibration de naissance est la même qu'un nombre manquant, cet aspect sera inévitable lors du passage des années. Nous en aurons les détails dans un prochain livre.

Exemple de Brenda Piché

Avant de terminer ce chapitre, regardons ensemble de quelle façon vibre BRENDA PICHÉ, née le 8 juillet 1942:

Actif:	26/8 (terre)
Hérédité:	32/5 (air)
Expression:	58 et 13/4 (terre)
Idéal:	11/2 (air)
Réalisation:	11/2 (air)
Vibration de naissance:	31 et 22/4 (eau)
Jour de naissance:	8 (terre)
Nombre manquant:	6

Ce qui prédomine chez cette personne, c'est autant l'esprit que le matériel, à cause de l'expression et du jour de naissance (terre) et l'idéal et la réalisation (air).

Le 8: utilise ses pouvoirs dans le monde physique.
Le 11/2 deux fois: basé sur l'idéal, il apporte une révélation de l'univers.
Le 4: indique la patience par l'endurance.
Le 22/4: l'énergie qui produit la plus haute activité.

L'expression 4 est en opposition avec l'idéal 11/2.
L'expression 4 est compatible avec la vibration de naissance 22/4.
L'expression 4 est compatible avec le jour de naissance 8.
L'idéal 11/2 est en opposition avec la vibration de naissance 22/4.
Le jour de naissance 8 est compatible avec la vibration de naissance 22/4.
Le nombre manquant 6 n'apparaît pas au niveau de l'expression, de l'idéal, réalisation et vibration de naissance. Retournez voir les explications et définitions de ce chapitre pour mieux comprendre l'exemple.

Nous pouvons conclure que BRENDA a sûrement rencontré des frustrations et a eu la sensation de vouloir crier ce qu'elle ne pouvait exprimer. Sa personnalité n'a pas toujours été la projection de son être intérieur (expression incompatible avec l'idéal). Elle a sûrement dû faire de grands efforts pour parvenir à ses réalisations car cela n'a pas été facile (idéal incompatible avec la vibration de naissance). Par contre, sa patience et son endurance pourraient être la raison de sa réussite. (Jour de naissance 8 et vibration de naissance 22/4).

Si Brenda parvient à utiliser ses talents (nombre d'expression), elle peut vibrer positivement. Elle aura de la difficulté à faire ce qu'elle veut vraiment (idéal 11/2, incompatible avec la vibration de naissance), mais elle réussira dans d'autres domaines. (Nombres d'expression compatibles avec la vibration de naissance).

LE TEMPÉRAMENT ET LA NATURE DE L'INDIVIDU

En astrologie, nous pouvons analyser le tempérament et la nature de l'individu, d'après la position des planètes dans les signes et maisons. Nous avons quatre éléments qui divisent le Zodiaque: FEU, TERRE, AIR ET EAU et ces éléments redivisent le Zodiaque en trois grands quaternaires pour former les signes de la roue céleste qui se nomment: CARDINAL, MUTABLE ET FIXE.

En Numérologie, nous déterminons ces aspects avec les lettres de notre prénom et nom. Chaque lettre de l'alphabet a une teneur mentale (AIR) physique (TERRE), émotive (EAU), et intuitive (FEU) qui par la suite se divise aussi en lettres CARDINALE, MUTABLE ET FIXE.

GRAPHIQUE DE TRAVAIL:

	mental	**physique**	**émotif**	**intuitif**	**total**
CARDINAL	A	E	O R I Z	K	
	A	E E E	I R	—	6
MUTABLE	H J N P	W	B S T X	F Q U Y	
	J		B T T	U U Y	7
FIXE	G L	D M		C V	
	L	D			2
TOTAL	3	4	5	3	15

Reprenons l'exemple de Juliette Beaudry qui a 15 lettres dans son nom. Dans son nom, il y a un A, donc, je le mets dans la colonne corrrespondant au **mental** du graphique de travail. Je dispose le physique, un I et un R, dans **émotif**. Cette personne n'a pas de K, donc rien dans la colonne intuitif. Je fais le total et j'obtiens 6. Je viens donc de terminer ma première ligne horizontale qui est celle de **cardinal**. Et je continue ainsi pour la ligne mutable et fixe et aussi le total de chaque colonne afin de savoir dans quel plan la personne évolue.

MENTAL:	Tempérament sanguin (raisonnement, étude, rapidité d'esprit).
PHYSIQUE:	Tempérament nerveux (persévérance, analyse, labeur et méthode).
ÉMOTIF:	Tempérament lymphatique (vie intérieure intense, sensation, occultisme, médiumnité, charme et émotion).
INTUITIF:	Tempérament bilieux (énergie, dynamisme et enthousiasme).

Chacun de nous possède une certaine proportion des quatre éléments FEU, TERRE, AIR, EAU. Ces quatre éléments se subdivisent en signes CARDINAL MUTABLE ET FIXE, et les éléments correspondent aux plans mental, physique émotif et intuitif.

MENTAL:

Ceux qui ont un excès de lettres dans la catégorie du MENTAL possèdent les qualités nécessaires pour faire des affaires, écrire sur des sujets sérieux ou techniques, pour négocier au niveau international et ils ont également des aptitudes pour diriger. En fait, dans tous les domaines qui concernent l'esprit, on peut dire aussi que les éléments du mental en excès correspond à des personnes qui sont capables de penser très rapidement. Habituellement, ces gens aiment travailler avec les autres et s'impliquent socialement. Elles aiment aussi exprimer leurs idées. Si ces personnes ont peu de lettres dans le domaine du MENTAL, on dit qu'elles ne peuvent se détacher de leurs actions et s'adaptent mal à de nouvelles idées. On dit même que si elles ne comprennent pas, elles peuvent se vexer et avoir de la difficulté à assimiler mentalement. Mais cela ne leur enlève pas leur degré d'intelligence. Parfois, elles manquent d'objectivité et ont des difficultés d'analyser les événements. Elles sont souvent méfiantes face aux intellectuels. On conseille aux personnes qui ont plusieurs lettres au plan MENTAL d'être très disciplinées afin qu'elles ne s'épuisent pas intellectuellement. On dit qu'une période de repos est souvent nécessaire pour refaire ses énergies.

PHYSIQUE:

Ceux qui ont un excès de lettres sur le plan physique sont plus intéressés par l'aspect concret, matériel, que par ce qui concerne le mental. Ces personnes ont le sens pratique et utilisent leurs énergies pour obtenir un résultat réel et tangible. La réalité de tous les jours est importante. Ces personnes fonctionnent d'après le gros bon sens. On dit aussi qu'elles se débrouillent bien matériellement. Elles savent s'organiser et s'affirmer si elles sentent leur sécurité menacée. Généralement prudentes de nature, prévoyantes, conventionnelles et parfois même dépendantes, il est important que leur travail leur apporte un résultat concret. Si ces personnes possèdent peu de lettres dans le PHYSIQUE, on dit qu'elles ont de la difficulté à avoir les deux pieds sur terre, à s'organiser, à budjeter. On conseille aux personnes qui ont beaucoup de lettres dans le PHYSIQUE de ne pas être trop terre-à-terre parce qu'elles peuvent manquer d'imagination et devenir étroites d'esprit. Ce sont des personnes très efficaces, et leurs énergies doivent être canalisées dans un travail qui les passionne réellement.

ÉMOTIF:

Les personnes qui ont un excès de lettres au plan émotif sont de tempérament artistique et des êtres sincères. Elles ont peu d'intérêt pour les analyses et les faits concrets. Elles sont créatives mais ont tendance à s'évader dans leurs propres idées. Veuillez noter qu'il n'y a pas de lettre émotive dans la section des signes fixes. Ces personnes sont très psychiques, intuitives et sensibles.

Il est très important que ces personnes soient conscientes de leurs sentiments et qu'elles les vivent; sinon, elles auront des problèmes et des peurs irrationnelles. Ces natures se sentent à l'aise avec des personnes calmes et réservées. Par contre, elles ont besoin d'action parce qu'elles ne peuvent vivre sans émotions. Elles vont même jusqu'à provoquer des disputes afin qu'il se passe quelque chose. Elles sont vulnérables et sensibles à leur environnement. Si ces personnes possèdent peu de lettres au plan ÉMOTIF, elles refusent de s'attacher ou de s'impliquer, de peur de souffrir. Elles manquent de compassion envers les autres et même envers elle-même. Elles ne se fient pas à leur intuition. On doit donc conseiller à ces personnes d'extérioriser leurs émotions afin d'éviter les problèmes.

INTUITIF:

Ceux qui ont un excès INTUITIF (ce qui est très rare), sont absorbés par tout ce qui touche le domaine spirituel. Ils n'ont pas de sens pratique, excepté si il y a équilibre de chiffres. La plupart du temps, ils vivent dans un monde imaginaire. Les lettres mutables F Q U ET Y les aident à s'adapter mais ne peuvent les stabiliser. Ces personnes sont clairvoyantes et sont attirées par l'occultisme. Elles se servent de leur intuition pour agir. Elles ont besoin de liberté, d'indépendance et d'auto-analyse. Les personnes qui ont deux lettres dans la section INTUITIF sont des natures actives. Par contre, elles peuvent avoir un problème de communication avec les autres, car elles sont trop égocentriques et peuvent ainsi manquer de considération. Elles ont beaucoup de courage mais peuvent «se brûler» très jeunes, à leur propre feu.

Chaque catégorie d'éléments possède trois modes: CARDINAL, MUTABLE ET FIXE.

CARDINAL: En astrologie, il correspond au Bélier, Cancer, Balance et Capricorne. Chaque signe débute une saison. Donc, si il y a excès dans ce mode, cela fait des personnes qui vont débuter des nouveaux projets. Elles dépensent leurs énergies dans une direction bien définie. On y retrouve des gens actifs, énergiques, qui ont du leadership. Ces personnes sont continuellement en mouvement. Quand elles ont un problème, elles le règlent immédiatement. On dit aussi qu'elles peuvent manquer de persévérance. Elles travaillent très vite et réalisent beaucoup de choses en peu de temps. Ces personnes cherchent à forcer les événements, plutôt qu'à s'y adapter. Elles recherchent l'aventure et sont très démonstratives. On conseille à ces gens de ne pas brûler la chandelle par les deux bouts car le manque de patience pourrait venir à bout de leur témérité.

MUTABLE: En astrologie, il correspond aux Gémeaux, à la Vierge, au Sagittaire et aux Poissons. Ce sont des gens difficiles à décrire. Ces personnes manifestent une forte dualité, et on ne sait pas trop à quoi s'attendre avec elles. Par contre, elles ont de la facilité et de la souplesse pour s'adapter aux circonstances de la vie. Elles peuvent apprendre aisément de nouvelles méthodes. Négativement, elles sont portées à exagérer et à manquer de discernement et de persévérance. Ces natures sont influençables et sont capables de prendre un chemin détourné si la route ne leur est pas agréable. On dit aussi qu'elles aiment le monde et s'intéressent à leur vie personnelle. Elles peuvent s'adapter aux habitudes et au caractère des autres et peuvent envisager les deux côtés d'une question, tout en sympathisant sincèrement avec des opinions et des principes contradictoires. Leur curiosité est exceptionnelle. On leur conseille de terminer une chose avant d'en commencer une autre parce qu'elles ont le goût du changement.

FIXE: En astrologie, il correspond au Taureau, Lion, Scorpion et Verseau. On retrouve des personnes persistantes, loyales et fiables. Mais, négativement, elles sont têtues et inflexibles. On ne déroge pas facilement les habitudes d'une personne qui a un excès de lettres dans l'élément fixe. Ces gens ont des aptitudes à mener à terme leurs projets. Elles laissent leur marque partout où elles passent. Elles sont prudentes et capables de suivre une ligne de conduite, tout en continuant de croire fermement en leurs idées. On conseille à ces personnes, s'il y a déséquilibre des lettres, d'éviter la lenteur, le manque d'adaptabilité, l'orgueil, la souplesse, et de s'atteler au travail si elles veulent parvenir à une évolution réelle.

Bien entendu, l'idéal serait qu'il y ait équilibre en tout, mais nous sommes sur terre pour apprendre. Ce graphique nous permet de déterminer cet équilibre en y ajoutant toutes les autres données: l'orientation professionnelle, la vie publique, la vente, la recherche, le théâtre etc. Il nous indique soit le sens pratique, soit le désordre, soit la stabilité ou l'émotivité incontrôlée, le matérialisme ou le côté méditatif.

Il existe plusieurs catégories d'écrivains: dramaturges, philosophes, auteurs scientifique, etc. Il y a différents hommes ou femmes d'affaires: ceux qui voient grand ou ceux qui désirent une simple boutique. Il y a des personnes qui ne peuvent faire un travail sous pression parce qu'elles n'ont pas assez d'équilibre sur le plan mental ou émotionnel. Ce graphique que l'on peut nommer aussi PLAN D'EXPRESSION, nous donne une idée du tempérament de la personne et nous permet de constater ses forces et ses faiblesses.

Tout ceci fait beaucoup de choses à retenir, direz-vous? Mon but n'est pas de vous décourager comme je vous l'ai déjà dit mais de vous donner le plus de connaissances possibles. Dans mes cours de Numérologie, je dis souvent à mes élèves de ne pas sauter d'étapes. Avant de passer à l'interprétation d'un thème, l'analyse d'une charte numérologique est des plus importantes. C'est pour cette raison que je vous donne le plus de détails possibles, afin de connaître vos propres racines et, plus tard, celles de vos consultants ou consultantes, pour ceux qui désirent pratiquer cette science.

***

Reprenons depuis le début l'exemple de JULIETTE BEAUDRY.

Si nous suivons les étapes, nous pouvons dire que Juliette vibre assez positivement, mais, par contre, il a été impossible pour elle de s'exprimer pleinement (11 et 7). Elle a quand mêmc cu une vie assez facile et relativement heureuse (11 et 11) malgré tous les ajustements et toutes les limites qui ont freiné (11 et 7) ses projets. Son excès de lettres en signe mutable lui ont donné la facilité et la souplesse de s'adapter aux circonstances de la vie. Elle dépense ses énergies dans une direction bien définie (physique) et si elle vibre parfois négativement, elle pourra commencer de nouveaux projets (physique) mais sans les terminer, ceci à cause de son goût du changement (mutable). Effectivement, cette personne est douée d'un sens artistique (émotif) et vit souvent dans un monde imaginaire (intuitif); c'est pourquoi, il est difficile pour elle de se stabiliser (intuitif). Elle est facilement blessable (émotif) mais, heureusement, elle fonctionne d'après le bon sens (physique). Cette personne possède beaucoup de charme et une vie intérieure intense (tempérament lymphatique). Nous avons vu que son expression et sa vibration de naissance sont en opposition. Sans cette opposition, cette personne aurait pu avoir un idéal et apporter une révélation à l'univers, mais les limites et les frustrations l'ont fait vivre à un degré plus bas sur l'échelle de l'évolution, c'est-à-dire, au niveau du degré des relations personnelles et de groupe. Au lieu de vivre la vibration supérieure 11, elle vivait la vibration 2. N'oubliez pas qu'il y a trois degrés dans un triangle. Il y a beaucoup de contradictions dans les nombres d'une charte, tout comme dans une carte du ciel; c'est pourquoi l'interprétation devient un art.

DEUXIÈME PARTIE

CHAPITRE 2

L'INTERPRÉTATION DES NOMBRES DE BASE

VIBRATION DU NOMBRE 1:

Nombre de la personnalité

Celui ou celle qui possède cette vibration à une grande soif de tout connaître. Cela lui vient de son esprit créatif, de son courage et de sa grande ambition. Il a une façon toute personnelle de voir les choses, ce qui le porte parfois à se croire différent des autres.

Personnalité à l'image du Soleil. On dit de ces personnes qu'elles ont le pouvoir de faire travailler les autres, en augmentant leurs capacités, leur volonté et leur force physique. Elles aiment à être regardées, admirées, tout comme le Soleil. Elles aiment à être les premières, partout où elles passent.

Grande force de volonté et courage qui permet de lutter pour réussir. On peut dire de lui ou d'elle, que c'est un leader né, un chef de file. Il est très important pour cet être d'être écouté. Il a tendance à ne suivre que ses idées et à ignorer celles des autres, mais il a besoin des autres pour s'affirmer. Parfois, il peut devenir esclave de sa trop grande indépendance.

Il aime la vie active et il a la capacité de franchir tous les obstacles qu'il rencontre sur son chemin. Si il vibre positivement, il sera un grand organisateur, capable de diriger d'une main de maître de nouveaux projets, grâce à ses efforts constructifs et à une grande force morale.

Par contre, cet être devra toujours se protéger des mauvaises influences qui sont néfastes pour lui. Il est capable de s'intérioriser et de s'extérioriser très facilement. C'est pourquoi l'on dit de lui que ses décisions sont guidées par son enthousiasme. Il n'accepte pas ses erreurs car il sait que la dépression le guette. Il risquerait alors de devenir nerveux, agité, égoïste, excentrique. Ses qualités d'organisateur se changeraient en domination; il deviendrait autoritaire et même parfois paresseux, autant à la maison qu'au travail. Son esprit entêté le mènerait à la jalousie et il n'aurait aucun égard pour les autres. Il peut même être porté à exagérer les faits. Une fois qu'il a pris une décision, rien ni personne ne pourra le faire changer d'idée, même s'il sait que cette décision le conduit à l'échec.

Sur le plan de l'amour

Pour vivre avec une personne de vibration 1, il faut faire preuve de docilité et de fidélité car le 1 aime s'associer avec une personnalité moins forte que lui, afin de pouvoir la diriger. En amour, il peut être généreux et passionné tout en gardant une attitude froide et distante. Il a une idée très personnelle de l'amour, du mariage et du foyer.

On dit que le 1 aime ou n'aime pas. Si vous désirez être heureux avec un natif de vibration 1, vous devez respecter son indépendance et l'admirer de tout votre cœur. Efforcez-vous de porter souvent la couleur rouge car cela augmente votre magnétisme et donne de la puissance dans vos entreprises.

Description physique et santé

Les personnes qui possèdent cette vibration ont souvent le menton carré, ce qui indique beaucoup de détermination. Les traits du visage sont bien tracés, ils ont une allure athlétique et une grande force énergétique. Les points faibles sont le système nerveux, le cœur, la tête, la circulation sanguine et les yeux.

Sur le plan du travail

Incontestablement la personne ayant une vibration 1 devrait être son propre patron. Elle est capable de prendre ses propres décisions, ce qui lui permet d'être maître de sa réussite ou de sa défaite. Si cette personne travaille pour quelqu'un d'autre, on devra lui laisser son autonomie et sa liberté dans les décisions à prendre. En lui donnant une entière responsabilité, cette personne produira des résultats formidables car, à cause de sa grande résistance, elle peut travailler longtemps, même sous pression. Cette vibration fait d'excellents inventeurs, des agents de promotion, des organisateurs et même des administrateurs. Positivement, ils sont de très bons dirigeants comme, par exemple, dans les forces armées ou l'on peut utiliser au maximum le potentiel d'un leader-né.

Résumé:

Pour tous ceux qui ont une vibration 1 au niveau de l'expression, de l'idéal, de l'actif, et surtout comme vibration de naissance, restez positifs, maîtrisez votre égoïsme, votre arrogance, votre esprit critique; évitez de vous croire le centre du monde. Si vous parvenez à contrôler ces aspects négatifs, votre individualité fera de vous le meilleur leader c'est-à-dire celui sur qui l'on pourra compter, autant sur le plan de l'amour que celui du travail et vous ménagerez ainsi votre système nerveux et votre santé.

VIBRATION DU NOMBRE 2:
Nombre de l'équilibre

Les personnes qui possèdent cette vibration sont de nature sensible, réservée, pacifique et douce. Elles sont généralement de bons médiateurs et cela dans n'importe quel genre de débats et même de disputes.

Nous avons vu que le nombre 1 est celui de l'indépendance et de l'individualité. Par contre, le nombre 2, lui, est complètement opposé. Il est celui de la dépendance, du travail en collaboration et des créations collectives. Ces personnes excellent dans les activités de groupe, en renforçant l'esprit d'équipe. Le 2 n'aime pas vivre seul car la solitude le fait mourir.

Ses qualités font de lui un excellent confident, capable de garder un secret, quelle qu'en soit la teneur. Sa nature sincère fait de lui un être qui désire la paix et l'harmonie dans son entourage car, il déteste par-dessus tout la zizanie.

On peut s'apercevoir aussi que ses manières réservées projettent une impression de froideur qui n'est toutefois qu'un écran protecteur servant à cacher sa grande émotivité. Ces personnes sont très timides de nature.

Les personnes qui vibrent négativement sont hypersensibles, introverties, pessimistes, instables, et ne savent pas très bien s'orienter. On les reconnaît aussi à leur nonchalance et négligence. Elles deviennent même hypocrites. Elles vivent alors dans l'insouciance, la paresse, la passivité et la soumission. Leur hyperémotivité les conduit à faire des excès de colère qui sont parfois à craindre par leurs interlocuteurs.

Leur incapacité ou hésitation à se débarrasser de certaines choses en font des collectionneurs. Par contre, ces personnes sont capables de faire des concessions comme peu le font. Elles ont besoin d'aimer et d'être aimées. Les personnes de vibration 2 puisent leur énergie dans l'harmonie, le calme et le silence. Elles ne sont pas des leaders comme le 1, mais si elles développent leurs possibilités latentes, elles atteindront le succès.

Sur le plan de l'amour

Pour vivre avec une personne de vibration 2, vous n'avez qu'à être tendre et rêveur. Mais le 2 est la vibration la plus adaptable et la plus capable de faire des concessions. Ses dispositions et son esprit de collaboration en font un excellent partenaire dans le mariage ou dans une association. Son principal objectif est de faire plaisir. Il est essentiel qu'une personne ayant cette vibration ait une vie sécurisante et stable, afin qu'elle soit satisfaite. Elle est sentimentale et ouverte à n'importe quel sentiment, à la condition que ces sentiments soient empreint de chaleur, de tendresse et de romantisme. Elle aime séduire et être séduite. Les femmes ayant cette vibration font de très bonnes mères et épouses. Elles sont capables de faire face à toutes les éventualités au foyer, sans se laisser abattre. On peut dire aussi que ce sont des personnes qui pressentent que l'équilibre dans lequel elles vivent tous les jours est fragile, insaisissable et mouvant.

Description physique et santé

Les personnes qui possèdent cette vibration sont généralement de grandeur moyenne et ont les traits petits et nets. Elles préfèrent les teintes neutres car elles n'aiment pas être remarquées. Les organes les plus fragiles sont l'estomac et l'intestin. En réalité, c'est l'inquiétude intérieure dûe à leur grande sensibilité qui est la cause de leurs mille et un petits mots, et ils sont surtout d'ordre psychosomatique.

Sur le plan du travail

Incontestablement, les personnes ayant une vibration 2 sont aptes pour toutes les professions où elles peuvent convaincre, charmer, séduire, aussi bien par des paroles que par des gestes. Elles ont le sens du rythme et possèdent des aptitudes pour la musique, l'écriture ou la poésie. Elles peuvent œuvrer dans les domaines ou elles pourront soigner et conseiller. La médecine, la psychiatrie, l'infirmerie, l'assistance sociale, l'aide matrimoniale sont des professions où elles peuvent trouver des satisfactions affectives et esthétiques. Ces personnes sont de meilleurs exécutants que des dirigeants. Elles font de très bons médiateurs et négociateurs.

Résumé:

Pour tous ceux qui ont la vibration 2, au niveau de l'expression, de l'idéal, de l'actif et surtout comme vibration de naissance, apprenez à contrôler vos émotions. Il vous est presque impossible de vivre seul. Vous aimez comprendre et partager les sentiments de votre entourage. Si vous avez la chance de trouver un partenaire qui est aussi doux, aimable, tendre et affectueux que vous, ce sera le bonheur parfait. Mais sachez vous décider à choisir entre deux partenaires car c'est une de vos faiblesses. Recherchez toujours un climat de paix et d'harmonie; c'est nécessaire à votre équilibre. On dit que vous possédez beaucoup d'intuition, de clairvoyance, à cause de votre grande émotivité. Ayez confiance en vous, on vous aime.

VIBRATION DU NOMBRE 3: Nombre de l'adaptation et de l'idée

Les personnes qui possèdent cette vibration ont une nature artistique et imaginative. Elles ont un esprit alerte, vif, brillant, gai, sont pleines de ressources et possèdent un esprit d'indépendance. La vibration 3 est composée de la vibration 1 et 2, c'est-à-dire du Soleil et de la Lune. C'est pourquoi l'extrême optimisme du 1 et la sensibilité du 2 en font une vibration merveilleuse. La vie est vécue à son maximum.

Positivement, ce nombre rend sociable, créatif, généreux et franc. Malgré sa timidité, le sujet a de la facilité à exprimer ses sentiments. Par contre, cette vibration, étant composée de notre cher Soleil, donne le désir de se faire remarquer et fait des personnes fières de leur apparence physique. Nous trouvons, parmi ces vibrations, les plus grands amuseurs de ce monde, avec une attitude enjouée des plus optimistes. Leur présence est comme le Soleil, propageant ses rayons bienfaisants.

Ces personnes sont cultivées et ont du savoir-vivre. Leur nature douce les rendent agréables d'approche. Tout comme la vibration 2, elles évitent les complications et les chicanes qui pourraient nuire à leur calme et à leur sérénité. On dit qu'elles ne se soucient guère du lendemain. Voilà pourquoi il est difficile pour certains de gérer ou de contrôler leur argent. Il se peut qu'elles aient tendance à dépenser trop facilement.

Ces personnes ont un sens artistique développé et elles peuvent s'adapter facilement à plusieurs situations. C'est pourquoi leur approche est facile à comprendre. La liberté est essentielle à leur vie. Elles ne peuvent accepter facilement de se sentir captives, que ce soit dans leurs relations de travail ou familliales. La routine est impossible pour elles car elles détestent la monotonie.

Si ces personnes vibrent négativement, elles deviennent alors extravagantes, vaniteuses et même vagabondes. Elles sont craintives, fanatiques, impressionnables et portées à se sacrifier pour des causes sans valeurs. Il est difficile pour une personne de vibration 3 positive d'accepter des responsabilités; mais pour celle qui vibre négativement, c'est impossible. Leur nature illicite sera remplacée par une attitude superficielle, empreinte d'hypocrisie, se servant des autres à leur avantage. Leur négativité les rend agressifs, désobéissants, envieux et les porte aux plaisirs désordonnés.

Sur le plan de l'amour

Pour vivre avec une personne de vibration 3, il faut faire preuve de patience car elle met du temps à s'engager dans une relation sérieuse. N'oublions pas que ces personnes ont besoin de liberté. Trouver la compatibilité pour ces 3 est assez difficile. Le (la) partenaire de ce 3 doit avoir un grand sens de l'humour, une attitude positive face à la vie et le pouvoir de s'habituer à de nouvelles situations.

Si ces trois éléments peuvent être réunis, ce sera le bonheur total. Par contre, ces personnes sont conscientes des sentiments des autres, mais leur côté artistique et leur façon de vivre causent souvent des problèmes pour des partenaires introvertis et possessifs car, il faut bien le dire, ce 3 est un boute-en-train dans un party ou une réunion sociale. Inconstestablement, si vous vivez avec une personne de vibration 3, n'essayez pas de changer sa personnalité, de supprimer ou d'étouffer son enthousiasme et son humeur, ou encore de lui imposer des restrictions ou des limites car vous récolterez des problèmes.

Description physique et santé

Les personnes ayant cette vibration sont généralement de grandeur moyenne. Elles aiment s'habiller de couleurs vives et d'allure flamboyante. Elles ont de grand yeux souriants et des pommettes resplendissantes. Plusieurs personnes de vibration 3 ont une santé assez fragile; elles doivent surveiller leur digestion à cause de l'influence de la Lune, la circulation artérielle et aussi les os. Cette faiblesse se situe au niveau des membres supérieurs avec possibilités d'arthrite et de rhumatismes. Le système nerveux est très fragile. Leurs problèmes de fatigue et certains malaises proviennent d'un excès de nervosité. C'est bien normal, car elles cherchent à éviter la routine et elles aiment s'amuser de tout ce qui est passionnant. On leur conseille beaucoup les balades au grand air et surtout apprendre à bien respirer pour calmer leurs nerfs très sensibles.

Sur le plan du travail

Incontestablement, les personnes ayant cette vibration doivent se diriger dans toute profession qui demande de la mobilité, des va-et-vient répétés. Généralement, ces personnes possèdent des aptitudes artistiques au-dessus de la moyenne. La peinture, les lettres, la musique, le théâtre, la comédie, la décoration intérieure leur conviennent bien. Elles peuvent même être de bons comédiens, de bons avocats, des voyageurs de commerce, bref, exceller dans tous les domaines ou les communications verbales sont nécessaires. La vibration 3 rayonne et communique. La personne a besoin de contacts avec les gens. Tout ce qui touche le monde du spectacle peut l'intéresser, surtout s'il n'a pas de responsabilité financière. Cette personne devrait toujours avoir un responsable qui veille à ses finances même si ce n'est que pour équilibrer le budjet famillial ou équilibrer le débit de ses largesses.

Résumé:

Pour tous ceux qui possèdent une vibration 3, ne vous fiez pas trop à votre intuition car vos sentiments pourraient empiéter sur votre bon sens. Faites attention à vos finances et n'oubliez pas de mettre de l'argent de côté pour les mauvais jours. Vous avez certes beaucoup de charme et savez plaire, mais parfois votre intuition et votre imagination peuvent nuire à votre sens critique. Même si votre habileté vous permet d'établir plusieurs relations facilement, on peut dire qu'à l'intérieur de votre être, vous conservez toujours cet esprit d'indépendance. On dit que vous êtes un social au cœur grand ouvert ou un égoïste au cœur dur. En deux mots, c'est votre façon de raisonner qui peut vous faire réussir ou échouer. C'est très rare de trouver une vibration 3 complètement négative, car la plupart possède un côté positif plus ou moins grand. Mais, par contre, si vous vivez négativement, vous êtes mieux de le faire en ermite afin de ne pas rendre les autres malheureux et, si un jour vous décidez que vous en avez assez de vous disperser, vous donnerez à vos créations des dimmensions infinies qui feront frémir tous ceux qui vous prenaient pour un parasite de la société. Si vous voulez réussir, ne gaspillez pas vos énergies dans toutes les directions; gardez votre optimiste, c'est la clé de votre succès.

VIBRATION DU NOMBRE 4:
Nombre de la création et de l'organisation

Les gens qui possèdent cette vibration peuvent être de grands réalisateurs grâce à leur esprit méthodique et ordonné. Ils sont attachés à leurs devoirs sociaux et familiaux et ont un grand sens de l'organisation. On dit que le 1 est un planificateur et que le 4 est un organisateur.

Les personnes qui vibrent positivement ont une allure distinguée et digne de confiance. Vous avez de la facilité à évaluer une situation, à partir d'un point de vue pratique, ce qui vous donne la capacité de surmonter tous les obstacles. Il est vrai que votre nature conservatrice et votre apparence rigide font de vous une personne difficile à comprendre. Vous préférez la routine plutôt qu'une existence vécue au jour le jour. Votre volonté est forte, et on peut même dire qu'elle est à la frontière d'un pur entêtement. Vous avez un tempérament très déterminé, êtes capable d'un grand courage et même d'héroïsme. Les personnes de vibration 4 font partie de la race des grands travailleurs. Leur approche de la vie est prudente, ce qui les limite à quelques amis sincères et cela pour la vie.

Vous êtes doués d'un grand sens de l'analyse et les moindres détails sont importants. Votre résistance est appréciée devant les problèmes quotidiens et aussi votre calme et votre pondération quand il s'agit de prendre des décisions importantes. Quand on possède une vibration 4, rien n'est acquis facilement dans la vie, et on dit que c'est une vie de travail et de construction.

Si vous vibrez négativement, cher 4, vous devenez alors intolérant et obsédé, ancré dans la routine quotidienne et ambitieux à l'excès. Votre audace peut se changer en autorité et vous devenez nerveux, parfois même querelleur et trouble-fête, malgré votre personnalité pratique et terre-à-terre. Votre qualité de grand travailleur se change en paresse, ce qui est néfaste pour vous. Il est aussi essentiel pour l'homme que pour la femme ayant cette vibration 4, d'être entourés de personnes enthousiastes et pratiques car vous avez continuellement besoin d'encouragement pour réussir, sinon, vous serez portés à vous renfermer dans votre coquille.

Sur le plan de l'amour

Pour vivre avec une personne de vibration 4, vous devez être discret et réservé. Par contre, cette personne est capable de sentiments profonds et stables et déteste les relations passagères. Derrière leur façade, se cache beaucoup d'émotivité. La personne de vibration 4 est un amoureux, un sensuel, un tendre. Il a besoin de sécurité et de stabilité même en amour; c'est pourquoi l'on dit qu'il a peur des sentiments fantasques qui peuvent ressembler à des coups de foudre.

Fonder un foyer, tel est son slogan, mais un foyer confortable et durable, bâtit sur la stabilité et l'harmonie. Faire sa vie avec une personne de vibration 4, c'est à la fois trouver une sécurité parce que c'est une association faite d'assistance mutuelle, d'échange, d'intérêts qui rapportent. Ces personnes ont un goût très prononcé pour les jouissances de l'amour. C'est vrai qu'ils font d'excellents partenaires, mais n'oubliez pas qu'ils ont besoin d'encouragements constants de la part d'un partenaire qui les comprend. Ils sont possessifs et iront même jusqu'à se battre jusqu'au bout, si leurs rapports sont menacés. Ah! si toutes les femmes avaient la vibration 2 positive et les hommes la vibration 4 positive! Il n'y aurait pas de divorces sur notre planète.

Description physique et santé

Généralement, les personnes ayant une vibration 4 sont bien bâties, avec des traits assez prononcés et une bonne résistance physique. L'homme autant que la femme préfèrent les vêtements faits sur mesure plutôt que les styles à la mode. Ils aiment porter des vêtements de couleurs unies, accompagnés d'accessoires durables dans les mêmes tons. En somme, une tenue vestimentaire très modeste les habille bien. Conservateurs et peu mobiles, ils sont portés à l'embonpoint avec le temps. Chère vibration 4, vous devez surveiller vos voies respiratoires, vos cordes vocales, votre glande thyroïde et aussi votre système digestif car vous aimez la bonne chair et le bon vin et vous risquez des problèmes d'engorgement du foie. Les effets pathologiques, que peut amener cette vibration, sont les crises de nerfs, les tics nerveux, le bégaiement et aussi des ennuis respiratoires.

Sur le plan du travail

Incontestablement, les personnes de vibration 4 sont favorisées dans tous les domaine qui demandent de la méthode, de la précision, de l'analyse et de l'organisation. Vous pouvez faire de bons comptables, économistes, dessinateurs et aussi de bons manufacturiers. En deux mots, vous réussirez dans vos ambitions professionnelles, dans des activités constructives. Si les vibrations 3 font de bons avocats à cause de leur sens artistique, vos qualités à vous sont plus orientées dans le sens d'un orateur éloquent et persuasif et même d'un homme ou d'une femme en politique qui veut refaire le monde sur des bases solides. Votre évolution peut se faire lentement mais sûrement.

Résumé:

Pour tous ceux qui possèdent la vibration 4, au niveau de l'expression, de l'idéal, de l'actif et surtout comme vibration de naissance, vous êtes reconnus pour avoir une maîtrise quasi magnétique qui vous protège et vous donne beaucoup de chance. Vous aimez qu'on vous obéisse, mais aussi, vous savez obéir. Vous avez besoin de logique, que ce soit pour construire une maison, faire un enfant ou penser à vos vieux jours.

Un bon conseil: ne vous enfermez pas dans vos idées et sentiments car vous deviendrez alors égoïstes, égocentriques, maussades, passifs et on se sentira très insécurisé auprès de vous.

VIBRATION DU NOMBRE 5:
Nombre de la vie

Les personnes qui possèdent cette vibration sont des natures curieuses et veulent trouver les réponses aux questions que la vie leur pose. Elles sont versatiles, sensuelles et enjouées. La liberté est une nécessité absolue pour vous. Votre nature aventurière demande que vous voyagiez physiquement, mentalement ou spirituellement. On vous nomme les communicatifs de cette planète, car vous possédez l'habileté d'unir les gens entre eux. Votre recherche de liberté vous fera vivre des expériences, plus que toutes les autres vibrations. Contrairement à la vibration 4, vous détestez la routine et on ne pourra jamais vous forcer aux tâches quotidiennes car votre devise est: «Vie ta vie pleinement, car chaque instant et chaque minute valent la peine d'être vécus.»

Vous avez une énergie inépuisable et si elle n'est pas contrôlée, cela peut vous donner un tempérament explosif. Vous êtes toujours disponibles à accepter les nouvelles idées à cause de votre désir de changements. Par contre, lorsque vous désirez obtenir quelque chose, vous n'avez pas peur d'y mettre toutes vos énergies. On dit que vous vivez sous tension. C'est très facile à comprendre, vous car vivez toujours dans l'incertitude et l'inquiétude. Votre esprit vif, et vos réactions instantanées vous font prendre des décisions impulsives; vous devenez alors impatient avec ceux qui répondent moins rapidement que vous. Vous êtes diplomates et vous dégagez un grand pouvoir magnétique.

Le goût du luxe et de la beauté font aussi partie de votre nature. Il n'y a pas de limite dans ce que vous pouvez entreprendre si vos actions sont gouvernées par la raison au lieu des émotions.

Les personnes qui vibrent négativement ont tendance à laisser accumuler les difficultés; alors, elles deviennent impatientes et peuvent même passer d'un extrême à l'autre en peu de temps. Il y a toujours deux sentiers ouverts à vous, chère vibration 5; c'est pourquoi il vous arrive très souvent d'avoir de la difficulté à faire des choix et votre grande versatilité peut vous amener à une difficulté dans le choix d'une direction à prendre. Être capable de comprendre et d'apprendre beaucoup de choses en même temps, vous donne une attitude irréelle face à la vie et fait de vous, une personne changeante et instable.

Sur le plan de l'amour

Pour vivre avec une personne de vibration 5, il faut surtout ne pas être possessif et jaloux, car ce cher 5 se sentirait étouffé. N'oubliez pas que le changement est un fait naturel de la vie. Ces personnes aiment partager leurs joies et aussi communiquer leurs sentiments. On dit aussi que, en couple, elles sont capables de donner beaucoup de chaleur et d'embellir la vie. En amour, elles veulent tout goûter et essayer; elles vont droit au but car leur appétit sexuel est puissant. Ce n'est pas facile d'être le partenaire d'un 5. Rappelez-vous toujours que ces personnes ne peuvent pas supporter les complications parce que, au fond, elles sont elles-mêmes de grandes compliquées. Les gens de vibration 5 ont beaucoup d'attraits pour le sexe opposé à cause de leur charme naturel. Si vous aimez les cavalcades amoureuses, les imprévus, la variété, l'aventure, la spontanéité, la maison remplie d'amis, votre vie conjugale sera des plus heureuses avec ce partenaire et soyez assuré qu'il vous restera fidèle malgré les apparences. Faites-lui confiance et, surtout, dites-le lui; c'est de cette façon que vous vibrerez en harmonie dans votre vie de couple.

Description physique et santé

Généralement, ces personnes sont de taille moyenne avec une forte ossature, leur visage est rond et leurs yeux sont très séduisants. Elles ont de l'habileté à agencer leurs vêtements. On dit souvent d'elles qu'un rien les habille, et ce, à cause de leur créativité. Sur le plan de la santé, elles doivent surveiller l'hypertension et le nervosisme à cause de leur émotivité trop vive et de leur énergie trop intense. Elles sont aussi sujettes aux accidents et aux brûlures causés par leur insouciance et leur goût du risque. Deux maladies les guettent: la colère et l'aventure. Souvent, les 5 ont des problèmes avec leur nez et leurs muscles. On ne doit jamais faire preuve d'autorité brutale à leur endroit afin d'éviter les crises aiguës et spectaculaires. Un bon conseil à vous cher 5: ne vivez jamais d'émotions intérieures intenses négatives car vous pourriez sombrer facilement dans l'alcool, les drogues et les médicaments.

Sur le plan du travail

Nous conseillons à toutes les personnes ayant cette vibration de se diriger dans des domaines où elles pourront se dépenser physiquement, mais toutefois pas dans un travail manuel trop dur mais surtout dans un domaine où vous aurez à déployer votre magnétisme, et un milieu où vous pourrez communiquer chaleureusement avec les autres. Les activités routinières sont néfastes pour vous. Vous aurez des changements soudains d'orientation et même de vocation dans votre vie. Développez toujours votre mental même si vous vous intéressez à des domaines variés. Vos qualités d'adaptation et votre charme sont des atouts pour réussir. L'enseignement est idéal pour vous. Vous pouvez aussi vous épanouir dans les voyages, la vente et les sports, surtout si ces derniers sont individuels, et dans tous les domaines qui demandent de la créativité car c'est là où vous pourrez laisser votre marque. Bref, tous les domaines où votre esprit vif pourra exécuter une gymnastique mentale nécessaire pour en arriver à une conclusion.

Résumé:

Pour tous ceux qui ont la vibration 5, on dit que vous êtes un créatif, un impulsif et un risque-tout. Canalisez vos énergies de manière constructive. Vos vastes connaissances impressionneront les gens et vous allez éventuellement réaliser vos ambitions. Si vous n'agissez pas de cette façon, vous serez toujours placés devant des situations difficiles qui feront de vous une personne égoïste, irresponsable et impopulaire. Il est vrai qe vous avez besoin de vivre dans le monde mais n'oubliez pas que vous êtes une personne libre et indépendante. Le meilleur conseil qu'on puisse vous donner serait de vous astreindre à une discipline personnelle qui vous permettrait de devenir un champion dans toutes vos entreprises.

VIBRATION DU NOMBRE 6:
Nombre de l'attraction et de l'harmonie

Cette vibration est dominée par la planète Vénus, ce qui signifie amour pour les autres. L'harmonie est un ingrédient essentiel dans leur vie. La personne qui vibre positivement en 6 sera responsable et ira au bout des obligations qu'elle aura contractées. Vous aussi comme le nombre 5, possédez un esprit jeune. Votre nature est idéaliste, douce et charmeuse. Vous attirez les enfants, les personnes âgées et les invalides à cause de votre qualité d'amour et de chaleur humaine.

Vous êtes prêts à vous battre énergiquement pour protéger et garder la justice et les droits de l'humanité. Vos qualités analytiques vous permettent d'aller droit au cœur de n'importe quels problèmes et de les résoudre facilement. C'est pour cette raison que vous attirez dans votre vie les gens à problèmes, ceux qui auront besoin de vous pour que vous les aidiez à régler les leurs, ceci à cause de votre honnêteté, de votre sagesse et de votre loyauté. Par contre, vous avez une sensibilité et une émotivité vives qui peuvent vous faire souffrir; alors vous recherchez continuellement la protection. Si vous ne la trouvez pas, vous rêverez plus que vous vivrez votre vie. Cher 6, vous portez chance aux gens de votre entourage par votre grand désir de rendre service, et vous ne supportez pas la souffrance morale.

Si vous vibrez négativement, vous êtes des enfants terribles, difficiles à vivre. Vous fuyez les responsabilités et au lieu d'aider les gens, vous êtes portés à les critiquer, les jalouser, les envier, et alors ont vous perçoit comme les plus grands boudeurs et les pires incompris. Votre caractère est faible et vous devenez la proie des profiteurs. Une attitude pessimiste contrôle votre vie et vous cause des ennuis. Cette façon de vivre vous conduit à la dépression morale et aux troubles psychosomatiques. Heureusement que, de toutes les vibrations, c'est celle qui produit le plus rarement des individus complètement négatifs. La société a besoin de gens positifs et la nature vous a permis à vous, cher 6, d'avoir la capacité de savoir pourquoi vous vivez. La vibration 6 est le *Up and Down* de la Numérologie. Vous passez facilement de la joie à la gaieté et de la tristesse à la mélancolie.

Sur le plan de l'amour

Pour vivre avec une personne de vibration 6, cher partenaire, vous devez savoir qu'il est très important pour elle d'être rassurée en amour et de savoir aussi que le mariage durera toute la vie. Ceux qui possèdent cette vibration aiment leur foyer, leurs enfants et sont protecteurs à leur égard. C'est très important pour une personne de vibration 6 d'avoir un partenaire loyal et confiant car une relation instable le rendrait très malheureux. Elle donne beaucoup pour garder sa paix et si un service donné n'est pas rendu par l'autre partenaire, son attitude protectrice envers lui se changerait en vibration négative. Dans une attitude négative, le sujet de la vibration 6 peut manifester des complexes de supériorité et de l'infidélité. Donc, partenaire du 6, soyez affectueux, pantouflard, romantique et protecteur afin que votre petit 6 garde son équilibre et ne cherche pas ailleurs ce qu'il attend de vous.

Description physique et santé

Généralement, ces personnes ont une ossature moyenne avec un corps et un visage arrondis. Les yeux sont larges et le visage souriant, reflétant magnétisme et amour. Les vêtements à la mode sont importants mais ces gens tiennent compte de l'individualité et du confort personnel.

Sur le plan de la santé, vous devez surveiller la gorge, la voix, les reins et la vessie. J'aimerais vous dire aussi cher 6 de surveiller l'embonpoint parce que vous êtes parmi les plus gourmands de la planète. Vous commencez souvent des régimes mais avec peu de succès car vous n'avez pas tellement de volonté pour persister. Attention, si vous ne vous aimez pas car vous serez porté à vivre en circuit fermé. Votre plus grande faiblesse est la fragilité car vous êtes délicat d'esprit, de cœur et aussi de corps et votre réceptivité face à votre entourage vous influence beaucoup. Vivez toujours positivement afin d'éviter les dépressions nerveuses, les abus de drogues, de médicaments, etc.

Sur le plan du travail

Il est très important pour une vibration 6 de choisir une vocation qui est compatible avec leur caractère. Cette personne ne déborde pas d'activité car elle manque de vigueur. Vibration 6, vos ambitions professionnelles peuvent apparaître floues car, pour vous, il n'est pas nécessaire pour réussir de se battre et de vivre dans la grande action. À moins que d'autres aspects dans votre charte numérologique le confirme, vous n'êtes vraiment pas faits pour gérer une grosse compagnie de haute finance, etc. Les secteurs en harmonie avec vous sont les hôpitaux, les garderies d'enfants, le travail social, l'enseignement spécialisé qui se rapporte au bien d'autrui; en fait, des domaines concernant l'ensemble de l'humanité peuvent vous rendre heureux. Vous vous sentez aussi à l'aise dans des domaines ou vous avez à démêler des situations compliquées si, naturellement, vous vibrez positivement. Vous devrez développer vos qualités de chef et votre sens des responsabilités.

Résumé:

On dit que tous ceux qui possèdent cette vibration ont besoin de périodes de retraite afin de cultiver leur jardin secret. Il est vrai que vous êtes sociables par adaptation mais surveillez les idées, les sentiments et les conceptions de vos amis car, à cause de votre spontanéité parfois naïve, ils peuvent facilement vous influencer.

On dit aussi que vous manipulez logiquement et rationnellement les complications majeures mais vous vous inquiétez inutilement pour de petits problèmes. Vous avez un sens artistique développé et un œil raffiné pour la beauté et la symétrie. Une belle maison, bien décorée et confortable est une des choses très importantes pour un natif de vibration 6.

En dépit de votre grand désir pour une existence paisible, vous vous battrez pour vos croyances contre toutes les oppositions. Pour terminer, un conseil: ne devenez jamais l'esclave de la personne que vous aimez car elle pourrait vous utiliser comme un paillasson. Vous seriez alors des mécontents, vous apitoyant sur votre sort et jouant alors les martyrs. Protégez-vous et soyez à abri du froid destructeur et des orages de la vie.

VIBRATION DU NOMBRE 7:
Nombre de la raison et du mystère

Pythagore considérait le nombre 7 comme étant le plus sacré des nombres. Pour les gens possédant cette vibration, on dit que vous êtes un rêveur et un philosophe et que votre destinée est orientée en fonction de votre manière de penser. Si vous vibrez positivement, vous êtes perfectionniste dans tout ce que vous faites et demandez aux autres la même chose. De nature très intellectuelle, vous êtes toujours à la recherche de nouvelles connaissances.

Vous êtes une personne difficile à analyser car vous faites peu de confidences sur vous-même. Vous donnez l'apparence d'être indifférent mais, par contre, vous avez énormément besoin de la confiance et de l'estime de votre entourage. Le désir d'atteindre de l'expérience dans la vie vous cause souvent des problèmes et vous amène à des périodes de hauts et de bas. Souvent, vos pressentiments vous révèlent des événements à venir et quelquefois vous gênez les gens avec votre habileté à les percevoir. Vous aimez souvent être seul dans la nature, loin du monde, des bousculades et des remue-ménages de la grande ville, ce qui vous permet de vous renfermer dans votre tour d'ivoire et d'y méditer le passé et corriger les erreurs. Si vous vibrez négativement, vous désirez posséder les plus belles choses de la vie. Vous devenez un être des plus matérialistes, car ce nombre est celui de la spiritualité. La vie est doublement difficile pour vous. Vos désillusions du monde extérieur vous conduisent à une existence de solitude. Lorsque votre entourage ne se conforme pas à votre idéal, vous devenez frustré, querelleur, cherchant la polémique, ce qui vous mène souvent à la dépression.

Sur le plan de l'amour

Pour vivre avec une personne de vibration 7, il est évident que l'on doit être préparé à donner beaucoup plus qu'à recevoir. Ce cheminement de vie avec la vibration 7 demande une certaine abnégation, de l'humilité et l'oubli de ses ambitions. Par contre, consolez-vous, cher partenaire, car ce sont les compagnons les plus fidèles de la Numérologie. On dit que leurs comportements amoureux sont complexes car ils sont émotifs. Le sujet de la 7 contrôle parfois ses sentiments et freine ses énergies amoureuses afin de ne pas passer pour un faible.

C'est une nature indépendante mais remplie d'altruisme et de générosité. Un petit secret: les 7 ont une sexualité très forte, mais leur cœur guide la raison. Même si le 7 est rêveur, n'oubliez pas qu'il est philosophe; il ne vous dira pas qu'il vous aime, mais il le démontrera d'une autre façon. C'est à vous, cher partenaire, de le découvrir et vous serez le plus amoureux du monde.

Description physique et santé

Généralement, ces personnes sont de grandeur moyenne, la taille est élancée et les épaules carrées. Leur habillement est raffiné et ils préfèrent porter des vêtements de tons pastels et de couleurs neutres. Leur côté perfectionniste se reflète dans leur façon d'agir. Sur le plan de la santé, ils ont une bonne résistance. Le nombre 7 se compose de 3 et 4 et aussi de 2 et 5. En premier lieu, nous avons les planètes Saturne et Mercure et en second lieu la Lune et Neptune. Donc en considérant l'influence de ces différentes planètes, certains 7 seront fragiles au niveau des jambes, des genoux et des articulations des membres supérieurs tandis que d'autres pourront souffrir de troubles nerveux. Personnellement, j'ai constaté beaucoup de cas de schizophrénie chez les personnes de vibration 7 négative.

Sur le plan du travail

On dit que dans les temps anciens un enfant né sous l'influence du nombre 7 était immédiatement placé dans un temple afin de devenir prêtre ou prêtresse. Aujourd'hui, nous retrouvons souvent des gens de vibration 7 dans les échelons de l'église ou comme chefs de cercles mystiques. Les gens de vibration 7 peuvent faire beaucoup de choses à cause du désir d'expérience qui est nécessaire à leur évolution. Beaucoup de professeurs ont cette vibration. Ils se sentiront bien dans des activités indépendantes car ils supportent mal l'autorité. Ce sont aussi des gens qui ont besoin d'être épaulés dans tout ce qu'ils font. Ils peuvent exceller comme psychologues, astrologues, psychanalistes, géologues, dans des travaux de laboratoire, ou comme médecins. On dit que ces personnes ne font rien à moitié et que leurs œuvres sont originales, efficaces et humanitaires.

Résumé:

Vous avez tendance à défendre les faibles contre les forts. Mais attention, ce ne sont pas toujours les faibles qui sont faibles et les forts qui sont forts. Votre grande timidité et réserve font que vous n'êtes pas toujours compris. Généralement, vous n'aimez pas les conseils et c'est très difficile de vous convaincre d'une chose, parce que vous êtes trop individualistes.

En utilisant votre volonté et en ayant le contrôle de votre grand pouvoir mental, vous serez appelé à œuvrer pour de bon dans ce monde, qui, désespérément, a besoin de ce que vous avez à offrir à l'humanité. Apprenez toujours à exprimer ce que vous ressentez vraiment et cultivez votre foi. On dit aussi que vous avez une certaine habileté à contourner les obstacles et que vous détestez les discussions orageuses. Votre idéal est tellement important pour vous qu'il vous arrive d'oublier les réalités de la vie. C'est la raison pour laquelle, il n'est pas facile de vous côtoyer. Par contre, vous êtes pour les autres, un ami sincère, fidèle, dévoué et discret et on vous admire.

VIBRATION DU NOMBRE 8:
Nombre du pouvoir et de l'organisation

La force, les efforts et la volonté sont les mots clés de la vibration 8. Les personnes vibrant positivement sont pratiques et ont un grand sens de l'organisation, de la planification et sont aussi très conscientes que le succès ne vient pas soudainement. Vous travaillez avec acharnement pour atteindre vos buts. Vous êtes des bagarreurs et ne vous avouez jamais vaincus. On dit que vous avez l'habileté de canaliser vos énergies, ce qui vous donne un certain pouvoir sur les autres. Les situations claires et nettes sont importantes pour vous. Effectivement, vous foncez avec prudence et courage et n'hésitez pas à vous dépenser physiquement. Ce qui est important pour vous, c'est de pouvoir éprouver votre puissance en la confrontant à celle des autres car vous détestez perdre. Par contre, c'est ce qui vous conduit à la réussite surtout matérielle car vous avez la bosse des affaires. On dit même que vous êtes de la race des capitalistes.

Le nombre 8 confère à ceux qui le possèdent une grande logique et beaucoup de fermeté. C'est pourquoi, ils font de grands chefs. Vous êtes loyaux, directs et francs et n'aimez pas les demi-mesure. Votre magnétisme influence les indécis de votre entourage car vous leur procurez une assurance. Les loisirs qui demandent de la discipline intellectuelle sont importants pour vous car vous n'acceptez aucun laisser-aller dans tout ce que vous faites.

Si vous vibrez négativement, attention car vous pouvez devenir dictateur, obstiné dans vos idées, et votre logique excessive peut vous conduire vers des passions dévastatrices qui nuiront à votre efficacité. Autant le 8 positif est constructif, autant le 8 négatif peut devenir destructeur, jaloux, anti-social et surexcité. On dit que positivement, il est généreux mais peu tolérant, imaginez alors que négativement, il sera très égoïste, impulsif, brutal, agira sur des coups de tête qui le portera à la colère dès qu'il sentira qu'il a tort, car il est très orgueilleux de nature.

Sur le plan de l'amour

Pour vivre en harmonie avec une personne de vibration 8, vous devez toujours respecter ses sentiments, réfléchir avant d'agir, avoir du sens pratique et de la logique et ce cher 8 vous fera vivre de grandes passions. On pourrait dire que sur ce plan, il y a une ressemblance avec la vibration 1. Il est essentiel pour obtenir le bonheur que vous soyez moins puissant et dominant que lui. On dit que le sujet de la 8 aime avec intensité, voire même avec autorité. Si vous décidez de vivre avec cette personne, cher partenaire, ne vous attendez pas à des déclarations d'amour rapides, de jeux à la Roméo et Juliette. Il vous prouvera son amour par sa fidélité et soyez assuré qu'il en exigera autant de vous car il n'acceptera pas d'être trompé, son orgueil en subirait fortement le coup. La vie de couple est pour ce 8 un élément de stabilité. Laissez-le imposer ses idées, être le chef de famille; portez-lui beaucoup d'admiration et il sera un amoureux séduisant et passionné.

Description physique et santé

En général, ces personnes sont douées d'une stature forte et puissante. Ils peuvent être grands et élancés, mais généralement leurs cuisses sont plus courtes. Si ils vibrent positivement, ils jouissent d'une grande résistance physique. En les observant, on décèle un air de supériorité, d'efficacité et de compétence. Ils aiment être à la mode, préfèrent les couleurs bien agencées. Sur le plan de la santé, les os sont à surveiller, les allergies, et les palpitations dues parfois à des excès alimentaires et sexuels. N'oublions pas que le 8 correspond aussi en Astrologie au signe du Scorpion qui n'aime pas les demi-mesure. Chère vibration 8, n'abusez pas de votre résistance physique dont la nature vous a comblé, même si on vous compte parmi ceux qui vivent le plus longtemps sur cette planète.

Sur le plan du travail

Il est très important que vous choisissiez votre vocation avec soin car vous êtes un leader né et si vos talents ne sont pas exploités, vous serez frustré et difficile à vivre. L'idéal pour vous serait de travailler à votre compte; vous pourriez alors explorer à votre goût vos grandes qualités d'organisateur. On dit que la vie est un combat incessant. Mais avec votre persévérance et votre amour des défis, vos ambitions de réussite ne sont pas difficiles à atteindre. Avec votre esprit vif et créatif, vous avez le sens du concret et êtes capable de prendre des décisions rapidement. Les 8 font d'excellents juges car ils ont la facilité de trancher rapidement une question.

Vous pouvez exceller aussi dans le domaine de la haute finance, comme économiste, notaire, banquier, policier, et éducateur physique. Incontestablement, vous avez une habileté naturelle à prendre en charge n'importe quelle situation. Par contre, soyez prudent car votre désir de réussite peut vous amener à utiliser des moyens peu généreux.

Résumé:

Si votre vie est vécue positivement et si ce nombre se situe surtout au niveau de la vibration de naissance, votre vie sera une réussite matérielle; sinon, elle sera vécue karmiquement. J'aimerais vous dire aussi que ce nombre représente le monde visible et invisible. Il peut vous conduire à une évolution de très haute spiritualité. Notre Pape actuel (Jean-Paul II) est né le 18 mai 1920, ce qui lui donne une vibration de naissance 8.

Vous devez constamment élargir votre esprit et refuser toute limitation pour parvenir à vos buts, car vous n'aimez pas conquérir votre bonheur au dépend des autres. Soyons francs, cher 8, vous aimez le pouvoir; donc, on vous conseille de l'atteindre le plus vite possible et d'y rester. Sachez faire le partage entre le réalisme et l'extrémisme: être leader sans être dictateur et on vous comptera parmi les plus grands protecteurs de la planète.

VIBRATION DU NOMBRE 9:
Nombre du talent et de l'idéal

Puisque le 9 est le dernier nombre simple, il représente la perfection, la réalisation et aussi l'annonce d'un retour à l'unité. Les gens de vibration 9 sont humanistes, idéalistes, et particulièrememt attirés vers la spiritualité, l'occultisme et les recherches d'ordre intellectuel. Étant nés pour le service désintéressé, vous voulez bâtir un monde meilleur dans lequel on peut vivre heureux. Vos pensées sont vastes et vous attirez la confiance des gens par votre nature pleine de compassion. Les gens se confient facilement à vous, sachant instinctivement que vous possédez beaucoup d'intuition. Par contre, ne laissez jamais votre cœur prendre de dessus, car votre don serait perdu. On dit que le 9 positif semble avoir une ligne directe pour les mystères de la vie. Vos sensations et émotions sont fortes et vous pouvez développer une nouvelle philosophie pour l'humanité. Le nombre 9 est un nombre d'essai, et plus vous montez haut, plus vous rencontrez des difficultés. Par contre, vous êtes un fin psychologue tolérant et généreux, rempli de bonté et de considération, capable de vous faire apprécier pour vos qualités de loyauté et d'altruisme.

La plupart des gens vivent leur nombre plus positivement ou moyennement positif et négatif. Mais voici ce qu'un 9 négatif confère: une attitude égoïste remplace la vie d'apostolat. Vous devenez impatient si vos directives ne sont pas suivies avec précision et rapidité. Vous ne pensez qu'à vous-même et à vos propres problèmes au lieu d'aider les autres et c'est alors que vous perdez la foi. On dit, cher 9, que si vous vibrez négativement, vous devenez influençable, êtes porté à déguiser la vérité et vous vous laissez facilement entraîner par les autres; alors la timidité et la crainte s'emparent de vous. Que vous soyez positif ou négatif, vous ferez face toute votre vie à des excès d'émotivité. Vous vibrez à un niveau plus élevé que les autres nombres et le résultat des tensions peut provoquer des troubles nerveux. On dit aussi que si le succès est obtenu par un 9 négatif, la récompense sera une courte vie sur le plan matériel, plutôt qu'une longue vie sur le plan spirituel. En deux mots, votre mission sur cette planète est de servir l'humanité.

Sur le plan de l'amour

Pour vivre en harmonie avec une personne de vibration 9, vous devez, cher partenaire, avoir un tempérament fort et combatif tout en étant de nature douce et compréhensive, car il ne peut supporter les discussions violentes qui pourraient déséquilibrer son émotivité. C'est vrai qu'il est un grand sentimental, capable de beaucoup d'affection, mais peu de romantisme car il a toujours besoin que l'on prouve l'amour qu'on a pour lui. Par contre, on dit qu'il est généreux envers sa famille et que la vie à deux, pour lui, n'est pas une cohabitation mais une coopération. Faites-lui comprendre, cher partenaire, mais toujours dans un climat de calme, que vous n'avez pas à vous dépasser chaque jour pour le plaisir de lui plaire, et qu'un peu plus de tendresse et de caresses seraient très appréciées. Votre partenaire est capable de donner et de comprendre; il suffit de lui demander et ce sera le bonheur parfait.

Description physique et santé

Généralement, ces personnes ont le teint clair et la peau lisse. La bouche est bien dessinée et durant la première moitié de leur vie, leur corps est svelte et gracieux. Il existe aussi un autre type de vibration 9, qui est porté à l'embonpoint à cause de la planète Jupiter, maître de la maison 9 en Astrologie. C'est la raison pour laquelle nous conseillons aux gens de vibration 9 d'éviter les excès de table.

Positivement, la vibration 9 annonce une longue vie et une bonne santé. Vu d'un angle différent, la vibration 9 reçoit l'influence de la planète Vénus qui gouverne les reins, les organes génitaux internes, la circulation veineuse et la gorge. Elle donne un tempérament sanguin et indique de se méfier des excès sexuels.

Sur le plan du travail

La vibration 9 est sous l'influence de Vénus-Jupiter, ou Mars-Jupiter selon la teneur des événements qui prédominent. La dominante Vénus fait de vous une personne qui s'accommode très bien de toutes activités simples, monotones et surtout difficiles et désagréables. Vous réussissez grâce à votre charme et à votre chance. Le domaine artistique sous toutes ses formes: la musique, la peinture, le théâtre, le cinéma, etc. vous convient. On dit que la réussite professionnelle est habituellement précoce et assez facile, si vous ne négligez pas vos devoirs professionnels pour les plaisirs de l'existence. La dominante jupitérienne donne un autre aspect et représente le jugement, l'ordre et l'équilibre. Vous avez des facultés d'assimilation et d'observation qui permettent de vous intéresser aux branches les plus diverses du savoir humain. On vous compte parmi les meilleurs philosophes, psychologues, avocats, haut fonctionnaires, directeurs d'établissements financiers, compositeurs de musique religieuse. Si vous vibrez sous l'influence de Jupiter, soyez assurés qu'il y aura une élévation très marquée de la situation familiale au moment de votre naissance, à la condition que vous viviez positivement, sinon, vous aurez tendance à entreprendre trop de choses à la fois et vous vous surmènerez intellectuellement, sans obtenir de résultats appréciables. Les désirs sensuels vous détourneront de l'étude. Si votre vibration 9 vous fait vivre sous l'influence de Mars-Jupiter, votre âme sera remplie d'un désir avide de conquérir le monde. On dit que plus l'entreprise sera grande et difficile, plus grands seront vos désirs. (Beaucoup de missionnaires ont cette vibration). Si vous vivez un 9 positif, on peut vous compter parmi les meilleurs chirurgiens de la planète. Si vous trouvez des gens de vibration 9 qui sont énergiques, actifs et capables de se mesurer aux difficultés de la vie, conseillez-leur de se diriger dans les domaines ou ils pourront dépenser leurs énergies de façon constructive. Ils font de bons militaires, et aussi sont d'excellents cuisiniers.

Résumé:

Comme vous pouvez le constater, la vibration 9 n'est pas des plus faciles à interpréter. Nous pouvons aussi attribuer au nombre 9, les nombres 1 et 8. Le 1 est gouverné par le Soleil et le 8 par Saturne.

Les personnes qui possèdent cette vibration sont orgueilleuses et d'apparence réservée. On leur confère même un esprit conservateur. Donc, si vous vibrez positivement, vous possèderez une force morale et serez capable de mener à bien tous vos projets par votre sincérité, votre justice, votre sens de l'honneur et de la bienveillance ainsi que le souci du bien-être d'autrui. Par contre, le sujet qui vibre négativement a une vie difficile. Il amoindrit ses forces physiques et empêche son corps de se débarrasser promptement du mal. Vous aurez tendance à vous renfermer dans votre coquille, vous serez craintif, pessimiste, obstiné, vous souciant peu ou pas du tout des sentiments d'autrui. Si la vibration 9 se situe au niveau de la vibration de naissance, on dit que jusqu'à l'âge de vingt-sept ans environ, vous aurez à résoudre de nombreux conflits intérieurs. On vous conseille, cher 9, de garder une attitude positive durant toute cette vie. Votre manque de confiance pourra se transformer en assurance, vous apprenant à vous estimer et vous sortirez vainqueur du grand combat.

***

Nous arrivons maintenant à l'interprétation des vibrations 11 et 22. Ces nombres maîtres sont puissants parce qu'ils accentuent la vibration du nombre de base 2 et 4. Au point de vue astrologique, le nombre 11 est representé par la planète Uranus et le 22 par Pluton qui sont des planètes supérieures très importantes pour l'évolution de l'homme. Même si ces nombres sont supérieurs, cela ne veut pas dire que tous les gens qui les possèdent vibrent plus haut. Par contre, nous avons un libre choix, nous sommes des cataliseurs et nous décidons de quelle facon utiliser le vif potentiel de ces nombres. Alors soyez très prudents, chers lecteurs, lorsque vous analysez ces vibrations, dites supérieures.

VIBRATION DU NOMBRE 11:
Nombre du visionnaire

Les gens possédant la vibration 11 et qui sont positifs peuvent tirer partie des forces cosmiques et recevoir aide et inspiration et atteindre l'illumination.

Vous êtes intuitif, visionnaire, idéaliste avec de profondes pensées, ce qui vous donne la capacité de dévoiler les mystères de la vie. Plusieurs parmi vous ont une mission à accomplir sur terre et elle vous sera révélée à un moment donné, soit par un rêve ou un événement étrange. Ce nombre vous confère une nature courageuse, originale avec beaucoup d'énergie. Comme vous serez probablement un chef, vous devez utiliser sagement vos hautes vibrations. On vous conseille d'être pratique et individualiste dans le rôle que vous assumerez. Votre talent pour éduquer les autres ne peut pas rester dans l'ombre bien longtemps et vous allez probablement devenir célèbre. Vous avez de solides convictions et êtes prêt à vous battre légalement pour les voir s'implanter. L'expression artistique est un atout important dans votre vie. Elle guide votre esprit créatif, original et inventif. Incontestablement, cher 11, les autres vous recherchent pour que vous les dirigiez et les guidiez; c'est pourquoi votre vie sera active, remplie de défis. Soyez toujours sage lorsque vous utiliserez vos pouvoirs visionnaires afin de ne pas créer des projets impossibles à réaliser pour les autres, car vous pourriez être piégé. Il ne faut pas s'en cacher, cher 11, on vous nomme les excentriques de la Numérologie, car vous êtes très différents, mais sachez faire le partage entre le rêve et la vie tangible. On dit que vous vivez un pied sur la planète terre et l'autre dans le cosmos.

Lorsque vous vibrez négativement, vous devenez introverti, matérialiste et irréfléchi; vous êtes alors capable de devenir votre pire ennemi et cette attitude vous conduit directement à l'échec. Votre qualité de visionnaire en est complètement annulée et cela vous fait vivre uniquement dans le passé. C'est alors que se développe une grande nervosité et vous vivez doublement le nombre 1. Vous êtes hésitant et votre intelligence est utilisée dans le but de servir votre ego. Sainte-Thérèse-de-l'Enfant-Jésus et Adolf Hitler étaient des vibrations 11. Voyez-vous la différence entre ces deux personnes?

Sur le plan de l'amour

Il est vrai, vibration 11, qu'avec votre comportement inconventionnel, vous pouvez tout vivre et tout accepter, ou presque. Il est très important que votre partenaire soit sur la même longueur d'ondes que vous car vous acceptez mal les contradictions. Par contre, on dit que vous faites d'excellents parents, réalisant que l'éducation de vos enfants est une responsabilité primordiale. Cela est naturel, si vous vibrez positivement car vous projetez toujours dans le futur. C'est pour cette raison que vos enfants ont une éducation bien équilibrée.

Description physique et santé

Généralement, on dit que ces personnes sont physiquement plutôt petites et possèdent des traits fins. Leur regard est empreint d'indépendance et d'originalité. Leur habillement peut être, soit à la mode ou du genre bohémien car pour eux l'apparence est proportionnelle à leurs aspirations. Sur le plan de la santé, cette vibration correspond au système nerveux, aux troubles mentaux et aux spasmes nerveux. Cette vibration expose à des blessures, accidents, soit par le feu ou par le fer. J'ai remarqué que beaucoup de gens de vibration 11 ont l'estomac nerveux avec des spasmes. C'est probablement dû au surmenage causé par un excès d'énergie mal distribué. Même s'il est vrai que vous avez une grande force morale, surveillez la dépression, elle vous guette vous aussi.

Sur le plan du travail

Si vous vivez pleinement la vibration 11, vous excellerez à cause de votre vision particulière de la vie, dans le domaine qui vous intéresse vraiment, car vous avez le sens du commandement et recherchez les responsabilités. Le nombre 11, associé en Astrologie à la planète Uranus, symbolise l'identification à la conscience et la possibilité, pour chacun, d'accomplir son destin. On dit aussi que positivement, il s'intéresse à tout ce qui touche l'esprit humain, l'expansion de la vérité et le progrès social. On compte parmi vous de grands politiciens, des écrivains, des occultistes, des astrologues, des mathématiciens et aussi des innovateurs et des pamphlétaires audacieux.

Résumé:

Le nombre 11 confère au natif le sens de l'originalité dans ses contacts avec le public, malgré une certaine apparence réservée, même si il est sincère avec les autres. Le matérialisme frène donc son évolution car il possède une soif de voir la société se libérer de son ignorance. C'est pourquoi vous verrez souvent des gens de vibration 11 qui cherchent à réaliser leurs buts selon leurs conceptions personnelles, plutôt que se fier aux conseils de personnes expérimentées. Certes, ceci leur vaudra des réussites inattendues.

Si le sujet vibre négativement, il devient excentrique, a soif de pouvoir et d'autorité, est rebelle envers sa famille, sa profession, la société ou toute forme d'autorité. Si vous avez, cher lecteur, un enfant qui possède une dominante 11, veuillez le diriger sur le bon chemin et apportez-lui l'aide nécessaire afin qu'il parvienne à un équilibre parfait. Vous voyez comme la Numérologie est simple et aide à résoudre de gros problèmes. Certes, la date de naissance ne se change pas mais nous avons le choix du prénom de nos enfants.

VIBRATION DU NOMBRE 22:
Nombre de la puissance intérieure

Tout comme la vibration 11, vous êtes capable de trouver des solutions aux problèmes que les autres considèrent insurmontables. En deux mots, vous avez du génie pour penser aux solutions pratiques. Vous êtes capable d'atteindre n'importe quel objectif car vous ne connaissez pas vos limites, tellement elles sont vastes, et ceci vous apporte prestige, renommée et gloire. Vous êtes un maître pour diriger les autres. Mais attention, trop travailler amène des troubles émotionnels. Votre caractère est vif, froid et réservé et votre vie est une lutte perpétuelle; mais, par contre, elle vous plaît. Vous avez une mission à accomplir sur cette planète et elle est encore plus grande que celle de la vibration 11. C'est la raison pour laquelle plusieurs d'entre vous consacrent leur vie à des projets qui sont bénéfiques à l'humanité. Vous n'êtes pas rêveur comme le 11 car vous êtes influencé par la planète Pluton, mais vous êtes capable de passer d'un état à un autre, avec facilité. Vos grandes inspirations créatives se transforment en réalisations concrètes.

Par contre, si vous vivez négativement, cette vibration est encore plus terrible que la vibration 11 car plus puissante. Une attitude de totale insensibilité règne en vous. On dit que vous faites totalement fi des lois et des règles de la société. La ligne séparant l'amour de la haine, le génie de la folie est aussi mince qu'une feuille de papier. Votre esprit d'aventure naît d'une ambition démesurée, et fait de vous une personnalité despotique, n'écoutant les conseils de personne, préférant exercer le pouvoir, qui conduit directement à la destruction et aux grands bouleversements.

Sur le plan de l'amour

Vos aventures amoureuses sont précoces. Pour vivre avec une personne de vibration 22, cher partenaire, vous devez vous aussi être très patient parce qu'il est tellement occupé par ses projets, qu'il préfère faire l'amour par correspondance. Tout comme la vibration 4, la stabilité de sa vie de couple le sécurise. Vous serez heureux si vous épousez les projets et les intérêts de votre cher conjoint(e) de vibration 22 car l'univers est son mot clé et sachez qu'il a tellement d'amour et de tendresse à donner, qu'un seul être ne lui suffit pas. Vous devrez être partout à la fois et très imaginatif avec ce 22, et il sera le plus fidèle des terriens.

Description physique et santé

Ils sont de grandeur moyenne et dégagent un air de supériorité et d'efficacité. C'est drôle à expliquer, mais les gens de vibration 22 positive ont tendance à être obèses car, étant portés à toujours servir l'humanité, ils ont tendance à s'oublier complètement. Par contre, les personne qui vibrent négativement sont tellement centrées sur elles-mêmes qu'elles sont plus sveltes, car, pour elles, elles pensent qu'un corps en santé fournit un succès personnel effectif. Leur habillement est choisi avec soin car elles prennent grand soin de leur apparence extérieure. Du côté santé, l'émotivité est à contrôler car ces gens sont enclins aux troubles nerveux et psychiques. On dit, cher 22, que vous représentez les sources d'énergies personnelles fondues dans un immence réservoir de puissance. Mais attention, ces aspects peuvent vous amener à brûler la chandelle par les deux bouts, ce qui ne constitue jamais un indice de longue vie. On vous conseille de vous reposer malgré votre grande résistance physique, sinon, vous manquerez de patience et vous serez incapable d'accepter la moindre discipline, à cause de votre nervosité.

Sur le plan du travail

Quelque soit la profession ou la vocation que vous choisissez, elle devra se faire avec autonomie. Tout comme la vibration 11, vous avez une mission à accomplir sur cette planète mais elle est beaucoup plus vaste. Le meilleur chemin serait pour vous de travailler à votre compte parce qu'il n'y aura pas de limitation et de restriction imposées par d'autres.

Vous êtes aussi très talentueux et capable de maîtriser presque tout. Si vous vibrez positivement et si vous travaillez dans une entreprise quelconque, soyez assuré que vous grimperez l'échelle des promotions. Vous avez une grande habileté pour diriger et faire de la politique. On vous conseille de vous diriger dans les sciences occultes mais à la condition d'être très positif, sinon vous ferez plus de mal que de bien. Vous êtes, vous aussi, un visionnaire et vos intuitions sont très fortes. J'ajouterais personnellement que les sens de vibration 22 font de grands détectives, des espions, enfin ils excellent dans tous les domaines qui demandent du flair.

Résumé:

Plusieurs personnes de vibration 22 supportent mal les exigences de ce nombre et préfèrent vibrer à un niveau inférieur, celui qui se rapproche du nombre 4. N'oubliez pas que ce don naturel de la providence vous est donné dans le but d'avoir une vie faite de motivation, de compréhension, de bonheur et de paix à travers le monde. L'obstacle à franchir pour certains est de se faire comprendre par son entourage immédiat et surtout de se faire accepter, ce qui n'est pas toujours facile. Si vous avez des enfants qui ont une vibration 22, soit au niveau de la date de naissance, de l'idéal, ou de l'expression, vous devrez vous en occuper davantage, surtout si ils sont plus négatifs que positifs. La personne qui a comme nombre maître 22 peut être un génie ou un fou et, à la limite, un assassin. Si vous parvenez à développer vos qualités, contrôler vos émotions et écouter votre voix intérieure, vous vous sauverez en sauvant les autres.

CHAPITRE 3

LES LEÇONS DE NOTRE VIE

1. LES NOMBRES MANQUANTS

Nous avons vu au premier chapitre qu'avec notre prénom et nom, nous découvrons les nombres manquants que l'on nomme aussi les *leçons karmiques*. Ceci indique les qualités que nous devons développer dans cette vie.

Nous pouvons considérer le *karma* comme la loi de compensation: nous récoltons ce que nous semons. Si on fait le bien ou le mal, ceci nous sera remis parce que nos actions ont un effet direct sur les autres, que ce soit en positif ou en négatif.

Le *karma* peut s'appliquer de plusieurs façons. Ce qui est important de retenir c'est que le *karma* est une expérience que tous rencontrent et qu'il est difficile parfois d'en accepter les effets parce que nous sommes ignorants des avantages qu'il peut nous donner. L'évolution de l'homme se développe à travers plusieurs vies. Même si cette réalité n'est pas palpable, nous conservons tous un souvenir de nos vies et expériences passées. *Les nombres manquants* représentent les qualités et attitudes que nous devons adopter afin de parfaire notre évolution.

Nous devons cependant savoir que le *karma négatif* peut s'éliminer lorsque nous avons bien compris notre leçon karmique. Dans un deuxième volume, je vous apprendrai à quel moment de la vie ces leçons se font comprendre. Voici donc l'interprétation des nombres manquants de 1 à 9.

SI LE 1 EST UN NOMBRE MANQUANT:

Dans une vie antérieure, vous avez subi l'influence de votre entourage et n'avez pas eu confiance en vous. Vous étiez dépendant des gens et aviez peur du pouvoir. La vie présente se chargera de vous faire comprendre les qualités de leadership qui vous sont nécessaires. Vous vivrez des situations où il y aura beaucoup de décisions à prendre. Vous aurez à vous battre pour développer votre courage et votre confiance en vous, et ainsi vous frayer un chemin dans la vie et cela, sans compter sur l'aide des autres.

SI LE 2 EST UN NOMBRE MANQUANT:

Dans une autre vie, vous avez totalement manqué de coopérer avec les autres et vous avez préféré vous retirer du monde; donc vous étiez insensible aux émotions et aux besoins des autres. Dans cette vie présente, vous serez donc forcé de vous associer à des gens intransigeants, afin de développer votre compréhension, votre coopération, votre diplomatie, et surtout votre patience. On dit aussi que la vie vous met dans des situations où vous réussirez à terminer quelque chose, seulement si vous portez attention aux détails. Cette leçon sera apprise, si vous acceptez les autres comme ils sont, et en développant de la sympathie, de la compréhension et de l'amour.

SI LE 3 EST UN NOMBRE MANQUANT:

Dans une vie antérieure, vous avez pu être un serviteur de famille riche, et cela vous a empêché de développer vos talents. Les talents attribués aux gens de nombre 3 sont surtout la créativité et l'expression. Quand on est un domestique, on doit obéir et se taire. C'est pourquoi ce talent ne s'est pas développé dans la vie passée, et est encore perdu dans cette vie présente. C'est une des leçons les plus difficiles à apprendre. Durant cette vie, les mots ne viendront pas facilement et les énergies créatives vont être difficiles à utiliser. Vous aurez peur de vous mêler aux autres, mais la vie trouvera un moyen de vous forcer à le faire. Vous aurez à développer la communication, vos talents et votre sociabilité, acquérir de l'assurance, de quelque façon que ce soit, afin de vous adapter.

SI LE 4 EST UN NOMBRE MANQUANT:

Dans une vie antérieure, vous avez préféré vivre de votre intelligence plutôt que de votre travail. Les manières faciles étaient votre spécialité. Vous ne vous êtes pas soucié des détails autant pour les autres que pour vous et votre santé. Mais présentement, la vie se chargera de vous montrer comment il est important de bâtir sur une fondation solide et cela, avec vos mains et aussi votre intelligence. Vous apprendrez à entreprendre et à réaliser par l'organisation et la stabilité. Vous aurez aussi des sacrifices à faire et de la patience à cultiver, si vous désirez apprendre votre leçon.

SI LE 5 EST UN NOMBRE MANQUANT:

Le 5 comme nombre manquant est assez rare, à cause des lettres E N W. Mais, lorsque cela se produit, c'est que dans le passé ces gens ont pu être jaloux du changement et aussi de la liberté des autres. Alors ils se repliaient sur eux-même, et se renfermaient dans leur tour d'ivoire. Dans la vie présente, ils devront éviter de douter de la sincérité des gens et s'adapter à des changements fréquents. Ils seront confrontés à des situations où ils auront à vivre plusieurs expériences, des déplacements, et même des voyages afin qu'ils comprennent que la connaissance du monde est essentielle à leur évolution.

SI LE 6 EST UN NOMBRE MANQUANT:

Ce nombre est surtout celui du *karma du mariage*. On dit que dans une vie antérieure, on a pas su prendre ses responsabilités envers une ou plusieurs personnes. On a négligé le partenaire, les enfants ou les autres membres de la famille. En deux mots, on a été incapables de s'ajuster aux situations matrimoniales. C'est pourquoi il est important que dans la vie présente, nous soyons conscients de ce *karma*. Ce nombre manquant est fréquent en Amérique du Nord. Les lettres sont F O et X. Dans la vie présente, afin de payer la facture de notre semence passée, le divorce n'est donc pas une solution. On devra trouver une manière quelconque soit par la patience, l'ajustement et la compréhension afin que le mariage ou l'union soit harmonieuse pour apprendre cette leçon. Avec un *6* manquant, on aura aussi à faire face à des responsabilités que nous ne devrons pas négliger afin de parfaire notre évolution. Le courage, la positivité et la tolérance sont des mots clés pour les gens qui ne possèdent pas le nombre 6.

SI LE NOMBRE 7 EST UN NOMBRE MANQUANT:

Le nombre *7* est celui de la *foi* et de la croyance, peu importe le domaine concerné. Dans une vie antérieure, le *karma* attribué au nombre *7* était celui des gens qui n'ont pas su comprendre et croire en l'unité de l'univers. Ces personnes croyaient seulement en ce qu'elles pouvaient voir et toucher. Dans cette vie présente, le destin les placera dans des situations où elles devront comprendre, par une ouverture d'esprit plus grande, l'importance de demander de l'aide divine. En deux mots: développer sa foi, pour ne pas se sentir seul et abandonné, développer sa vie intérieure et apprendre à faire la différence entre le matériel et le spirituel. La petite voix de Dieu se fait entendre à tous les *9 ans* tant que vous n'avez pas compris votre leçon (explication dans le deuxième volume). Une fois la leçon comprise, le cœur de ces personnes se remplit de compréhension et de compassion pour les autres.

SI LE 8 EST UN NOMBRE MANQUANT:

Si le nombre 8 est manquant, on dit que dans une vie antérieure, vous avez abusé du pouvoir et aussi de la loi. Le 8 est associé aux choses matérielles et physiques. Vous avez sûrement acquis des richesses, mais de quelle manière? C'est pourquoi dans cette vie, le pouvoir, l'argent et la réussite professionnelle ne seront pas obtenus facilement. Que vous soyez pauvre ou riche, l'argent sera toujours un problème tant que vous n'aurez pas compris qu'il est important d'avoir un intérêt équilibré pour les valeurs matérielles et aussi un bon jugement pour discerner leur portée. Ne soyez pas surpris si un jour vous recevez une somme d'argent importante, soit par héritage, assurance, etc. et que, quelque temps après, il ne vous reste plus rien parce que vous l'aurez gaspillé ou aurez fait un mauvais placement. Dites-vous plutôt: *Tiens, je viens d'apprendre ma leçon karmique.* Je veux vous dire aussi que ce nombre manquant peut être un *karma de maladie*. Par exemple: des allergies, de l'asthme, des opérations etc. Mais, pour cela, il faut que la *charte numérologique* soit très dissonnante, c'est-à-dire *négative*. Soyez très prudent dans votre interprétation.

SI LE 9 EST UN NOMBRE MANQUANT:

Le nombre *9* est rarement manquant parce que c'est le nombre de l'humanité. Par contre, si cela se produit, c'est que, dans le passé, ces gens ont vécu retirés du monde. Donc, dans cette vie, ils vont rechercher la compagnie de leurs semblables, mais cela sera difficile s'ils n'apprennent pas à développer de la compassion pour les autres. La vie se chargera tôt ou tard de les placer dans des situations où ils devront s'intéresser à autrui ainsi qu'aux problèmes humains de quelque façon que ce soit. S'ils apprennent leurs leçons, leur évolution les conduira à servir l'humanité. Ils devront apprendre à accepter qu'il y a des choses qui ne peuvent s'accomplir immédiatement, au moment ou ils le voudraient. Le mot clé le plus important est donc: *perfection et patience.*

Il est important de savoir que la *planète Terre* est une école où nous sommes de passage pour apprendre et que la Numérologie peut nous aider, si nous le voulons, à développer nos qualités, nos talents, découvrir notre potentiel et aussi corriger nos défauts, nos faiblesses et, par la suite, comprendre et aider les autres au lieu de les juger et les condamner.

Ainsi se termine la définition des nombres manquants. Rappelez-vous que, dans le premier chapitre, je vous ai parlé aussi des nombres en excès, et n'oubliez jamais d'analyser la proportion des lettres du *prénom et du nom*. Voici maintenant l'interprétation.

LES NOMBRES EN EXCÈS

EXCÈS DU NOMBRE 1:

Les opinions peuvent être trop radicales et même dominantes, ce qui rend la personne égoïste et trop indépendante. Par contre, cela donne beaucoup de courage et d'énergie, et la personne devra surveiller à ne pas imposer ses idées à tous et à chacun.

EXCÈS DU NOMBRE 2:

Les personnes sont de nature trop sensibles. Elles peuvent avoir de la difficulté à donner des conseils et s'adapter aux situations, à cause de leur impatience. Parfois, elles se renferment dans leur coquille parce qu'elles ont de la difficulté à s'adapter aux autres.

EXCÈS DU NOMBRE 3:

Le nombre 3 en excès peut rendre la personne craintive et confuse à cause de son imagination trop active. Elle peut devenir superficielle et gaspiller vainement ses énergies. On lui conseille de surveiller son impatience, ses extravagances et éviter de s'éparpiller. Généralement, cela fait des personnes qui parlent beaucoup et qui oublient d'écouter les autres.

EXCÈS DU NOMBRE 4:

Plusieurs *4* rendent la personne obstinée par l'ordre et le travail. Les moindres détails sont analysés et souvent critiqués pour des riens. Elle devra éviter d'être esclave de sa routine. Si le nombre 4 est trop en excès, la santé peut être affectée par le surmenage et alors cette personne devient une maniaque du travail.

EXCÈS DU NOMBRE 5:

Le nombre *5* en excès indique l'amour du changement, de l'instabilité sans raison valable. Parfois, ces gens sont impulsifs et hasardeux car ils aiment les plaisirs de la vie. Si ces personnes vibrent positivement, en passage de l'année personnelle 5, elles auront beaucoup d'opportunités au niveau social. Mais si elles vibrent négativement, elles devront éviter d'utiliser leur liberté au détriment des autres.

EXCÈS DU NOMBRE 6:

Le nombre *6* est celui des responsabilités; donc, ces personnes sont enclines à surprotéger ceux qu'elles aiment et aussi à faire des montagnes avec des riens. Elles devront faire attention de ne pas se surcharger de responsabilités car elles auront de la difficulté à s'ajuster et ne pourront voir les choses telle qu'elles sont.

EXCÈS DU NOMBRE 7:

Lorsque la personne vibre positivement, ce nombre lui donne un esprit analytique, une vie intérieure intense et aussi, fait des personnes très mystiques. Elles ont le goût des recherches mais selon leur propre philosophie de la vie, et cela se fait de leur propre initiative, sans que d'autres personnes leur dictent leur conduite. Par contre, si le *7* est trop en excès, ce qui est rare, ces gens peuvent devenir très individualistes et difficiles à vivre.

EXCÈS DU NOMBRE 8:

On dit que le nombre *8* en excès empêche de trouver sa vraie vocation durant la jeunesse. Une trop grande soif de pouvoir et d'ambition et une trop grande confiance en eux-mêmes peut les amener à chûter de haut.

Ils devront faire un effort pour ne pas être dictateurs et parfois même violents. Leur réussite dépendra du pouvoir de leur concentration et du désir équilibré d'accumuler les richesses.

EXCÈS DU NOMBRE 9:

Le nombre *9* en excès indique que les personnes ont de la difficulté à discerner le vrai du faux dans le sens qu'elles sont trop généreuses, humanitaires, trop concernées par les problèmes du monde entier. Elles gaspillent leur énergie de gauche à droite et cela peut agir à leur détriment. On conseille à ces personnes de réfléchir avant de s'impliquer dans quoi que ce soit. Charité bien ordonnée commence par soi-même, sans pour cela être égoïste, bien entendu.

LES NOMBRES KARMIQUES

13/4:

Le nombre karmique *13/4* signifie que dans une vie antérieure, la personne a négligé le travail; elle préférait laisser les autres le faire à sa place, mais c'est elle, qui profitait des bénéfices.

Au niveau de l'idéal: Beaucoup de limitation s'impose pour la personne. Souvent, elle accomplit son travail jusqu'à la fin, mais elle n'est jamais satisfaite et regarde dans d'autres directions plus faciles.

Au niveau de l'expression: La personne dirige ses buts dans une seule direction, ce qui rend le chemin plus facile mais, par contre, les effets positifs sont atténués, car la personne limite son champ de vision.

Au niveau de la vibration de naissance: On dit que la vie des *13/4* pourrait être une vie de changements constants. Aussitôt que les situations semblent se régler, une nouvelle série de circonstances arrivent pour remplacer les vieilles. Si vous avez ce karma, on vous conseille d'éviter la paresse. Vous êtes sur Terre pour travailler dans la sphère matérielle et assumer vos responsabilités.

14/5:

Ce nombre karmique indique que dans une vie antérieure, la personne a abusé de sa liberté, de sa sexualité, de boissons alcoolisées et de drogues. Durant cette vie, elle devra apprendre à accepter les théories même avant d'avoir vérifié les résultats. En deux mots, on dit que ces personnes ont besoin de voir pour croire. On les nomme les *Thomas de la Numérologie.*

Au niveau de l'idéal: Si le sujet est négatif, il pourrait vivre une rupture sentimentale. Son impatience et son agressivité indiquent qu'il sera sujet aux accidents et à la maladie.

Au niveau de l'expression: Sa nature désordonnée et rêveuse l'empêche de se réaliser dans une profession et de développer ses talents, ce qui lui apportera des problèmes financiers et matériels.

Au niveau de la vibration de naissance: ces personnes ont beaucoup de difficulté à accepter la routine et trouvent que la planète Terre est une dure école pour elles. Le goût du changement leur fera vivre des expériences qui, par la suite, forcera ces personnes à ralentir et à modifier leur style de vie, contrôler leurs désirs et leur appétit sexuel. Si vous pouvez venir à bout de vous même, cher 14/5, il n'y aura pas de limite à votre capacité d'atteindre les sommets. C'est vrai que vous avez le goût du changement, mais il vous faudra aussi apprendre à vous détacher, à voler de vos propres ailes. Souvent, il est difficile pour vous de comprendre la motivation des autres, c'est la raison pour laquelle l'humilité, la compassion et l'amour ne sont pas bien balancés en vous.

16/7:

Ce karma indique que, dans une vie antérieure, cette personne a ignoré les sentiments de son partenaire. Le nombre 1 négatif (manque du sens des responsabilités) et le nombre 6 est le nombre de l'amour. Donc vous n'avez pas su reconnaître votre partenaire, et, dans cette vie, des déceptions et des troubles affectifs sont à craindre. L'amour que vous donnez peut être mal perçu et la désillusion peut en résulter.

Au niveau de l'idéal: La personne aura un choix difficile à faire envers ses amis et partenaires. On a souvent de faux amis et ainsi beaucoup de rêves sont brisés, à cause de décisions prises sur un coup de tête.

Au niveau de l'expression: Des bouleversements matériels soudains et la perte d'une situation, peuvent se manifester si vous vivez négativement.

Au niveau de la vibration de naissance: L'orgueil et les émotions de cette personne lui causeront des problèmes et le résultat sera l'isolement personnel. En deux mots: besoin de se renfermer dans sa tour d'ivoire. Il lui faudra donc retrouver la foi afin de pouvoir vivre dans l'amour et cela tous les jours.

19/1:

Dans une vie antérieure, cette personne a abusé de son pouvoir. [Le 1 négatif (arriviste, dictateur) et le 9 *(les autres)*.] Alors le *19/1* devra apprendre à développer sa générosité et le respect envers les autres durant cette vie.

Au niveau de l'idéal: La personne sera dépendante des autres et aura de la difficulté à accomplir ses désirs parce qu'elle ne sera pas écoutée. Elle sera jugée sévèrement et ne pourra pas se défendre. Ce karma se nomme *le test de l'endurance.*

Au niveau de l'expression: On dit que ses talents pour diriger seront ignorés et que son courage sera mis à l'épreuve. Si cette personne n'accepte pas de vivre son karma, la fin de sa vie ne sera pas facile.

Au niveau de la vibration de naissance: Il y aura plusieurs tournants dans la vie de cette personne afin de mettre à l'épreuve sa dépendance. Le *19/1* c'est le Soleil, donc la possibilité de pertes matérielles si la personne ne vibre pas positivement. On dit que pour vivre votre karma, vous devez travailler l'aspect positif du *1 et du 9*: l'indépendance, l'initiative du 1, l'altruisme et l'amour du 9. Même si vous n'êtes pas apprécié à votre juste valeur, vous pourrez distribuer le pouvoir qui donne la lumière et la vie.

26/8:

Avec le *26/8*, les relations seront effectivement karmiques, soit positivement ou négativement, dépendant des vies antérieures. Le *8* est le nombre du pouvoir, de l'énergie, de l'expansion, du jugement et aussi d'une habile exécution. Vous avez de l'enthousiasme, du courage et un désir de pouvoir. Mais le pouvoir viendra lorsque vous aurez appris la sagesse et surtout la façon de développer la force à travers votre propre maîtrise. C'est la raison pour laquelle le *26/8* peut être un *karma physique, émotif, et matériel.* Sur le plan physique, il peut vous faire exceller comme champion sportif ou bien vous faire vivre dans une chaise roulante. Sur le plan physique encore, il vous fait vivre des situations stressantes pour développer en vous la confiance, la maîtrise l'impulsivité, vous apprendre à être tolérant, patient. Le *26/8* est une vibration financière splendide, il peut vous faire côtoyer des gens riches qui vous donneront la chance de mettre votre pouvoir à exécution. Beaucoup de *26/8* vivent à l'aise; par contre, ils sont affectés soit sur le plan affectif ou physique. Lorsque vous aurez une vibration *26/8* à analyser, examinez avec attention sa charte numérologique.

LES VIBRATIONS SUPÉRIEURES

Au début de mon ouvrage, je vous ai donné l'interprétation des vibrations de base 1 à 9 et les vibrations supérieures 11 et 22. D'après la Numérologue américaine Dusty Bunker, il existe d'autres vibrations supérieures. Les voici:

«Tous les nombres pairs ont des nombres maîtres».

	11		22		33		44	
1	2	3	4	5	6	7	8	9

Dusty Bunker rajoute: **«Pourquoi les nombres impairs ne les auraient-ils pas?»**

55		66		77		88		99
11		22		33		44		
1	2	3	4	5	6	7	9	9

55 = 5+5= 10 ET 1+0= 1

66 = 6+6= 12 ET 1+2= 3 ET AINSI DE SUITE. ...

En Astrologie, le Zodiaque se divise en 12 parties et en 12 maisons qui représentent les départements de la vie. *Maison 1: la personnalité; maison 2: l'argent; maison 3: les communications et petits déplacements etc.*, et chaque maison est gouvernée par une planète. Nous avons découvert qu'avec la Numérologie, nous pouvons aussi avoir nos départements de vie: *le nombre 1 est notre moi, les nouveaux projets; le nombre 2, c'est la coopération, l'association, le divorce; le nombre 3 représente l'expression, l'entourage, les déplacements, etc.* et chaque département est protégé par un nombre maître.

Le nombre 11 est gouverné par *URANUS*, le nombre 22 par *PLUTON*, le nombre 33 par *NEPTUNE*. Dusty Bunker dit que le nombre 44 *est un point occulte*, ce qui signifie que d'autres planètes pourraient être découvertes. Je suis de son avis pour dire qu'il manque d'autres planètes dans notre système solaire. Malheureusement, je ne peux entrer dans les détails, ce qui serait intéressant, mais inutile pour pratiquer la Numérologie.

Voici maintenant l'interprétation des *NOMBRES MAÎTRES*.

Le 33/6:

Ce nombre est appelé la vibration du Christ. On le considère comme la plus haute octave de *VÉNUS* qui est *NEPTUNE*, une vibration d'amour élevé à son plus haut niveau. En d'autres termes, il s'agit de *LA COMPASSION*. D'après mon expérience, j'ai constaté qu'au niveau du nombre *actif*, le 33 émet de hautes vibrations, et si le nombre 33 n'est pas vécu, les personnes vivent beaucoup plus souvent au niveau de la vibration 6. Donc, si vous vivez la vibration 33, vous avez besoin de propager votre lumière et devez être prêt à vous sacrifier pour les autres ou pour vos idéaux. Vous êtes responsable de certaines tâches. On dit qu'avec votre courage et votre inépuisable énergie, vous inspirez les autres à suivre votre direction. Vous acceptez les fardeaux que l'on met sur vos épaules avec patience et force, sans attendre d'appréciation ou de récompense en retour. Les bains de foules vous dérangent et c'est pourquoi la campagne vous est bénéfique. Attention cher 33 de toujours rester positif, sinon vous allez vous sacrifier pour n'importe quelle cause et deviendrez un paillasson pour les autres. Votre bravoure s'écroule lorsque vous êtes attaqué agressivement. Vous vous êtes réincarné pour une cause spéciale et tant que vous ne l'aurez pas trouvée, vous serez mécontent et frustré. Des situations spéciales vous ouvriront les yeux et permettront de voir en vous-même. Cela peut vous être présenté par un dessin, un indice vous montrant quelle direction votre vie devrait prendre. L'énergie et la force dont vous aurez besoin seront disponibles. Restez fidèle à vos principes en face de toute opposition et la *loi du karma* comme toujours remboursera à mesure égale. Mais attention cher 33/6, car *celui qui veut conquérir le monde doit premièrement se conquérir lui-même.*

Le 44/8

Ce nombre maître exige beaucoup de vous et s'il est vécu positivement, c'est la discipline totale. Vous préférez vivre dans un milieu où le progrès régulier amène des résultats concrets. Vous possédez la volonté de faire face à l'adversité et l'énergie de surmonter tous les obstacles. La Bonté divine vous a comblé d'une grande logique et la capacité de régler à chaque jour les problèmes de la vie, de votre vie et celle des autres. Vos conseils et votre liberté vont aider les gens à reprendre le sentier de la libération. Votre apparence extérieure est calme, mais votre mental est super-actif. Vous avez tendance à être matérialiste; donc, faites attention au trop grand désir de possessions qui vous porterait à trop travailler. Une santé déficiente amènerait des pertes matérielles, vous ferait vivre dans la frustration, la paresse et le mécontentement. À cause de votre trop grande discipline, il se peut que votre intuition reste limitée et vous empêche de réagir émotionnellement. La main de Dieu est toujours là pour vous protéger. Lui seul peut vous donner la réponse qui est en vous. Une vie de dévouement pour les autres vous est conseillée. On dit, que si vous servez les besoins matériels de ce monde dans des actions positives et productives, inspirées par votre être intérieur, vous serez épargné de vivre le *karma négatif* du nombre 8.

Le 55/1

La double énergie du 5, par sa grande perceptivité vous donne la possibilité d'explorer n'importe quel projet. Vous êtes un chercheur-né et vous feriez un excellent libraire. On dit que votre esprit est votre plus grande arme et vous serez placé dans des situations où vous devrez maintenir la balance pour délivrer la justice. Pionnier de nature, exubérant et énergique, vous êtes capable de passer d'un extrême à l'autre dans toutes vos tentatives et poursuites. On dit aussi que la personne possédant un double 5 peut être attirée par la religion ou si vous aimez mieux par les choses morales. Il se peut que, dans votre vie, vos dénichiez des informations que d'autres surveillent. À travers votre amour de la communication, vous rencontrerez plusieurs types de personnes au cours de votre vie. Si vous vibrez négativement, votre vie sera confuse et chaotique. Alors, vous manquerez de sens pratique et votre entourage sera solitaire.

Le 66/3:

Ce nombre est en charge du département de la vérité, de la beauté et de la joie de vivre. Comme tous les nombres maîtres, vous avez une mission à remplir sur terre. Votre magnétisme attire tout ce que vous désirez et comme résultat,vous atteignez une grande richesse et une grande sécurité. Ceci vous est donné pour aider les moins fortunés que vous. La vérité et l'honnêteté gouvernent votre conduite. Une fois que vous donnez votre affection et votre amour, vous êtes un partenaire dévoué et fidèle. Un ami influent vous aidera dans la vie. Si vous vibrez à la hauteur de ce nombre, n'oubliez pas d'aider les moins fortunés que vous; sinon, vous pourriez tout perdre. Dame Nature se retournera contre vous, et, par la suite, vous deviendrez irresponsable et dépendant des autres. C'est alors que votre magnétisme et vos talents mourront, éventuellement.

Le 77/5:

Comme toutes les vibrations supérieures, la personne qui possède cette vibration et vit positivement le 77/5 aura suffisamment de perspicacité pour comprendre les autres et les attirer à lui. Pratique et minutieux, libre et humoriste, prudent et sérieux lorsque l'occasion se présente, toutes ces qualités constituent les traits qui vous caractérisent le plus. Votre mission est d'offrir vos services afin d'apporter les plus hauts accomplissements pour l'univers, que ce soit comme inventeur, scientifique, leader religieux et même comme grand mystique. Lorsque nous avons une mission à accomplir sur Terre, — ce qui n'est pas toujours facile —, on dit que votre tact vous aidera à monter dans l'échelle de l'évolution, car vous manipulez tout avec adresse. Votre fortune peut vous arriver d'une manière mystérieuse. Peu importe, elle vous permettra de voyager, de vous instruire afin de découvrir votre mission. Mais attention, restez pratique dans tout ce que vous faites, car l'extravagance peut causer la dissipation, les pertes d'argents et aussi tout ce que vous chérissez: votre famille, vos amis, etc. Donc, sachez faire le partage entre votre intelligence et votre charme, votre côté pratique et créatif.

Le 88/7:

Ce nombre maître est très puissant. C'est le pouvoir de Dieu avec ses quatre zéros: 88. Il indique les grands champions sportifs, les grands bâtisseurs de l'univers. C'est le nombre 8 en double. Vous pouvez imaginer la grande force de pouvoir que la personne peut avoir! Mais ne vous en faites pas, cette vibration 88 ne peut se trouver qu'au niveau de la vibration de naissance, et très rarement au niveau de l'expression.

Le 99/9:

Ce nombre s'interprète comme un double 9. C'est l'amour de l'Univers, la paix universelle et, pourquoi pas, la fraternité universelle. Mais sommes-nous vraiment rendus à ce stade d'évolution?

Exemple:

personne né le 31 décembre 1985 (23) 31-12-23 = 66
personne né le 31 décembre 1989 (27) 31-12-27 = 70
personne né le 31 décembre 1999 (28) 31-12-28 = 71

Ces exemples vous montrent que les chiffres 77- 88-99 ne s'appliquent pas au niveau de la vibration de naissance, et c'est seulement au niveau de l'expression qu'on peut les percevoir.

LES SOUS-NOMBRES

Enfin, pour terminer ce chapitre, voici l'interprétation des *SOUS-NOMBRES de 10 à 78*. Je vous ai dit qu'ils apportaient une touche particulière à l'interprétation d'une charte numérologique. Pourquoi jusqu'à 78? La réponse est très simple. Dans un jeu de Tarot, nous avons 78 lames, soit *22 arcanes majeures et 56 lames mineures*. Tout le monde ou presque connaît le Tarot. Les 56 lames mineures sont divisées en quatre groupes représentés par les Bâtons, les Coupes, les Épées et les Deniers. Ces 4 groupes représentent les quatre éléments: l'air, l'eau, le feu et la terre.

Ce que je veux surtout vous faire comprendre, c'est que le nombre de base 1 peut provenir de 10/1, de 19/1, de 28/1, de 37/1 et ainsi de suite pour les autres nombres de base. Voici maintenant l'interprétation des sous-nombres.

Le 10/1:

Ce sous-nombre vécu positivement donne une clarté de pensée, aide à saisir et à utiliser les situations à votre avantage. Le succès, les honneurs et les récompenses matérielles sont votre lot. Vous avez confiance en vous et mettez tous vos projets à exécution. Vous pouvez acquérir la fortune et l'élévation. Négativement, il indique des hauts et des bas. Vous avez tendance à en faire trop, à amplifier vos besoins et désirs, à cause de votre instabilité de caractère. On dit aussi que vous manquez de sécurité.

Le 11/2:

Voir la vibration de naissance.

Le 12/3:

Ce nombre confère à la personne de l'intuition et de la clairvoyance. Votre vie pourrait en être une de sacrifice volontaire dans laquelle vous rencontrerez des difficultés, des épreuves et le renoncement. N'oubliez pas que vous atteindrez le succès seulement à travers l'acceptation. Pour vous, il est primordial d'avoir des buts dans la vie, sinon vous serez aveuglé par vos illusions et deviendrez esclave des autres. Si vous vibrez négativement, vous vous emprisonnez inconsciemment et vous aimez souffrir.

Le 13/4:

Voir le nombre karmique.

Le 14/5:

Voir le nombre karmique.

Le 15/6:

Ce nombre donne beaucoup de magnétisme, de passion, de persévérance et une forte volonté. Vous pouvez recevoir une somme d'argent et de grandes faveurs de la part des autres. Si vous vibrez négativement, faites attention de ne pas brûler la chandelle par les deux bouts en essayant de satisfaire vos besoins personnels. Ne gardez aucun lien avec les personnes qui vous séquestrent psychologiquement, et soyez prudent dans la signature de contrats. Votre désir de possessions est très fort, *(accumuler des richesses)*.

Le 16/7:

Voir le nombre karmique.

Le 17/8:

Vous êtes intuitif et amateur d'occultisme, surtout d'astrologie. Vous aurez beaucoup de succès dans les recherches qui demandent de la concentration. Vous avez la foi, espoir dans l'avenir et une grande force créatrice et de l'imagination. On qualifie ce nombre de celui de l'accomplissement et de la satisfaction sur tous les plans. On dit que des grands secrets vous seront révélés. Si vous vibrez négativement, ne laissez pas les doutes se glisser dans votre esprit, car il pourrait survenir des périodes de dépression et de pessimisme, à cause de votre naïveté.

Le 18/9:

Vous possédez un don naturel de guérison. Cette vibration confère à la personne une imagination vive, beaucoup de réceptivité et d'intuition. Par contre, vos pouvoirs intuitifs dépendent de votre santé physique. Si vous vibrez négativement, vous pouvez être déçu par un des membres de votre famille et aussi subir des pertes à cause d'ennemis cachés ou des illusions que vous vous faites vous-même. Surveillez votre susceptibilité et votre irritabilité. Bien souvent, *la mère ou une femme* joue un grand rôle dans votre vie.

Le 19/1:

Voir le nombre karmique.

Le 20/2:

Vous devez apprendre à poser des jugements basés sur la raison et non sur les apparences. C'est le nombre 10 + 10, donc la rapidité. Tous les événements arrivent très vite et cela vous fait vibrer avec des hauts et des bas. Positivement, on vous conseille de vous laisser guider par votre connaissance.

Le 21/3:

Il indique la bonne fortune. À cause de votre nature expressive, vous pouvez atteindre un succès littéraire. Les voyages et déplacements sont bénéfiques pour vous. Les investissements mentaux et monétaires portent fruits. Si vous vivez cette vibration négativement, on vous conseille de vous protéger contre le manque de contrôle émotionnel, car vous voyez les responsabilités familiales comme un fardeau, ce qui vous occasionne des restrictions et vous empêche de saisir la chance et les opportunités qui vous sont offertes.

Le 22/4:

Voir la vibration de naissance.

Le 23/5:

Votre agilité physique maintient une bonne circulation sanguine et augmente le pouvoir de votre cerveau, ce qui vous assure le succès. Une carrière en communications est favorable et vous aurez un héritage durant votre vie. On dit que vous vivrez sous la protection des dieux. Si vous vibrez négativement, vous vivez avec des principes qui font de vous une personne sévère et égoïste; vous êtes portée à des explosions de colère quand la vie ne va pas comme vous le voulez.

Le 24/6:

Ce nombre indique une heureuse vie amoureuse et familiale. Vous aimez votre foyer, vos enfants et aussi la nature. Ce nombre apporte la réussite sociale et financière et aussi l'appui d'une femme si vous êtes un homme. Négativement le *24/6* devient jaloux, infidèle et domine ceux qu'il aime. Il est têtu et quand il se fait berner par d'autres, il se venge.

Le 25/7:

Ce nombre indique une première partie de vie difficile, mais votre sens de l'observation et votre attention pour les détails vous permettront de mettre les pièces ensemble, afin d'unifier et de mieux réussir votre deuxième partie de vie. Vivre à la campagne près de l'eau serait bénéfique pour vous. Ce nombre annonce aussi plusieurs changements de résidences. Vécu négativement, cet aspect cause des conflits et des pertes d'énergie. L'ouvrage n'est jamais fait, la molesse et la paresse vous apportent alors de la cruauté.

Le 26/8:

Voir le nombre karmique.

Le 27/9:

Ce nombre correspond à une grande force spirituelle. Vous êtes juste et sage et espérez maintenir l'harmonie et aider les autres sur le plan mental, physique et spirituel. Vous êtes proléfique, vous pouvez produire une abondante famille. Votre influence sur les autres alliée à votre habileté à diriger vous donnent le confort et la richesse. Négativement, vous êtes confus et indécis. Vous ne savez jamais quel chemin prendre et vous êtes intolérant envers les défaillances de votre entourage. Par contre, votre attitude positive est contagieuse et ceci pourrait très bien vous apporter la richesse.

Le 28/1:

Ce nombre peut vous apporter des profits inattendus ou des pertes surprenantes, dépendamment de votre conduite. Si vous êtes loyal, honnête, vous pouvez vous attendre à des surprises. Par contre, si vous vibrez négativement, votre vie sera remplie de contrariétés, ce qui vous donnera de la difficulté à œuvrer dans le monde matériel. Il est important pour vous de contrôler vos émotions.

Le 29/11:

Le mot sagesse vibre pour vous, cher *29/11*, tout comme le mot lumière. Positivement, vous êtes capable d'acquérir la richesse dans le monde des affaires. Mais, apprenez à vous faire une idée et à la garder. Lorsque vous serez capable de persévérer dans vos buts, vous atteindrez, après quelques difficultés, la réalisation de tous vos espoirs et rêves.

Le 30/3:

Vous pouvez briller autant que la plus brillante des étoiles dans le ciel et allumer des étincelles dans la vie de plusieurs personnes. Comme dans tous les nombres contenant un *0*, le pouvoir de Dieu est derrière l'expression de ce nombre. Vous recherchez la perfection et luttez pour votre sécurité. Vous êtes très habile dans le théâtre, l'écriture et la musique. Les riches récompenses, le confort matériel, les plaisirs de l'amour et un heureux foyer sont vôtres. On dit aussi que vous pouvez être guéri miraculeusement d'une grande maladie. Le côté négatif de ce nombre peut diminuer les qualités mentionnées; cependant, il semble n'apporter que du bon. Votre potentiel de réussite est mieux exprimé en suivant la courbe rythmique de la vie.

Le 31/4:

Vous travaillez fort pour arriver à vos fins. Si vous apprenez à avoir de l'esprit, vous serez récompensé par la réussite financière ou autre. Les contrats et les affaires légales doivent être toujours faits dans le calme et de manière ordonnée. Ne laissez pas l'orgueil et l'extravagance gâter le résultat de vos affaires. Vous possédez une grande vitalité et une bonne mémoire. Si vous vibrez négativement, vous devenez désordonné, et vous vivrez une vie de luttes, de disputes, de difficultés et d'appauvrissement matériel. Vous êtes nerveux, très excitable et incapable de vous ajuster aux autres.

Le 32/5:

On vous appelle *les messagers de la lumière.* Vos buts doivent être élevés. Utilisez votre bon jugement et surtout ne vous laissez pas gouverner par les autres. Ce sous-nombre indique beaucoup d'amis pour le sujet. Mais faites attention de bien les choisir! Si vous vibrez négativement, votre nature hautaine et orgueilleuse change les amis en ennemis. Vos airs de supériorité irritent les autres. Votre confiance est un atout dans votre carrière, sachez l'exploiter.

Le 33/6:

Voir les nombres maîtres.

Le 34/7:

Si vous vibrez de façon positive, vous êtes discret et on vous fait confiance. Vous cultivez la patience parce que vous comprenez que le progrès prend du temps. Ce nombre indique *la croissance disciplinée* soutenue par de l'*aide cosmique*. Vous avez beaucoup d'admiration pour le côté spirituel de la vie et vous croyez que la nature a beaucoup à offrir. La sagesse est une de vos vertus; vous êtes franc dans vos discours, et parfois brusque, mais votre esprit humoristique vous vaut d'être bien accepté. Si ce nombre est vécu négativement, on vous compte parmi les impatients, les impulsifs, les casse-cou, ce qui a pour effets de freiner votre intelligence vive, et d'avoir la capacité de déjouer l'adversaire. C'est alors que les disputes, difficultés, délais légaux, relations amoureuses s'enlisent, ce qui vous conduit à des ruptures d'associations sous toutes ses formes.

Le 35/8:

On sait que le nombre *8* est celui des héritages et du pouvoir. Positivement, ce sous-nombre confère au natif une vie aisée si les autres aspects de la charte le confirment. L'équilibre émotionnel est important pour vous car vous avez besoin de stabilité, afin de contrôler votre énergie dynamique et acquérir le succès. Par contre, la force intérieure, le pouvoir et la santé physique vous donnent les outils nécessaires pour vous défendre. Négativement, vous vivrez dans le doute, votre jugement sera inflexible et l'irraisonnable prendra le dessus. Vous manquerez d'indulgence, et serez indiscipliné, ce qui apportera de la faiblesse, une mauvaise santé et plusieurs expériences émotionnelles difficiles.

36/9:

Vous pourriez être obligé de porter un lourd fardeau durant votre vie, mais vous avez le courage de faire face à ce genre de situation parce que vous voyez les choses d'un point de vue élargi, et vous ne fuyez pas les responsabilités. Votre vive intuition et votre nature inspirée vous font voir dans le futur. Cet aspect combiné avec votre esprit inventif créent une habilité pour les découvertes. Il est difficile pour les autres de vous comprendre lorsque vos émotions sont incontrôlables car vous vous plongez dans des situations sans y avoir suffisamment réfléchi. Par contre, votre nature compatissante peut être enrichie par vos tendances philosophique et prophétique, ce qui vous apportera le succès et la gloire, après avoir vécu des hauts et des bas.

Le 37/1:

La vie avec le partenaire que vous choisirez sera bénéfique à votre succès et, ensemble, vous goûterez la paix d'une heureuse association. Les voyages et les projets outre-mer vous intriguent et les services étrangers vous attirent. Ce nombre indique des amitiés sincères, des gens sur qui vous pourrez compter autant sur le plan sentimental que financier. Si ce sous-nombre est vécu négativement, vous affichez un calme extérieur qui dissimule une nature malhonnête et violente. Vous utilisez tous les moyens pour arriver à vos fins.

Le 38/11:

Ce nombre est puissant, il vous rend poétique, imaginatif et vous pouvez voir les choses qui sont cachées à la plupart des gens. L'amour, le succès et le mariage heureux se mélangent pour créer l'harmonie que vous désirez. Ce sous-nombre demande beaucoup de vous mais il promet de grandes récompenses. Vos rêves vous apportent des messages afin d'éveiller une plus profonde partie de votre être. Pour un homme, c'est le mariage parfait. Si cette personne est négative, elle abuse de ses énergies par l'utilisation extravagante des richesses matérielles et cela lui fera vivre des ruptures d'associations sous toutes ses formes et des divorces.

Le 39/3:

Il n'y a aucun obstacle qui ne peut vous empêcher de finir un projet dès l'instant qu'il est en cours. Vous allez vivre une longue vie, serez en santé, dans la paix, entouré d'amis. L'amour que vous donnez vous est rendu abondamment. Les endroits lointains vous fascinent, mais faites attention à cet appel. Négativement, il vous fera vivre une vie sensuelle, affaiblissant tous vos besoins. Vous devenez paresseux et quelquefois insensible à la souffrance des autres.

Le 40/4:

Contrairement au *31/4*, qui donne une nature combative, votre vie est ordonnée et vous vous sentez en sécurité. Votre nature tranquille et réceptive est influencée par les sentiments de ceux qui vous entourent, car vous manipulez bien les émotions. On dit aussi que vous êtes méthodique et prudent avec l'argent. Si vous êtes négatif, vous croyez que les difficultés et les obstacles ne sont que pour vous, ce qui crée de la confusion autour de vous. Au lieu d'être économe, vous gaspillez votre argent en réalisant des projets illusoires, bâtis sur des châteaux de sable.

Le 41/5:

Ce sous-nombre est celui de la protection divine. Les plaisirs du monde vous sont offerts en abondance. À travers la nourriture spirituelle, vous traduisez les concepts en réalités. Vous êtes un pionnier et vous aimez le changement. Par contre, vous désirez des résultats pratiques et utiles. Bien que vous profitiez de plusieurs plaisirs matériels, vous devrez cher *41/5*, contrôler vos passions sensuelles. Ce serait dommage de gâcher une vie de famille qui est, pour vous, la plus belle chose qui soit. Votre créativité fait corps avec votre famille et vous pouvez lui procurer un foyer confortable et plein d'amour, chose qu'elle ne trouverait jamais ailleurs.

Le 42/6:

Nous savons que le nombre *6* est celui de *l'amour*, le *33/6 l'amour de la famille*, le *42/6 l'amour du public et des foules*. Vous êtes amical et coopératif. Vous avez besoin d'une vie sociale, et vous serez malheureux de devoir vivre seul. Positivement, vous êtes assuré d'un bonheur sentimental. Vous êtes un protecteur pour votre entourage, à cause principalement de votre charme personnel et votre nature généreuse. Par contre, si vous vibrez négativement, on vous comptera parmi les solitaires et les incompris et même les boudeurs de la Numérologie.

Le 43/7:

Vous êtes silencieux et réservé en ce qui concerne votre vie personnelle. Instinctivement, vous savez quand parler et aussi, quand écouter. Vous préférez une vie calme; mais, par contre, vous êtes capable de sauter dans le feu de l'action lorsque l'occasion se présente.

Peu importe la profession que vous choisissez, vous apportez toujours vos idées créatives et constructives avec un attitude positive et un esprit raffiné. Négativement, ce sous-nombre incite à des excès de nourriture, d'alcool et aussi à fréquenter des amis peu recommandables.

Le 44/8:

Voir le nombre maître.

Le 45/9:

C'est une vibration hautement sensitive et vous ne serez pas satisfait de votre réussite terrestre. Vous avez une force d'âme pour affronter les situations d'urgence, avec courage. Votre nature est secrète, réservée, fière et déterminée à accomplir vos ambitions avec succès, grâce à votre réceptivité. Vous vous adaptez aux nouvelles idées. Cette vibration produit souvent des mariages précoces et beaucoup d'enfants. Si vous vivez négativement, vous êtes porté à rester accroché aux vieilles valeurs. Il est néfaste pour vous de vous accrocher au passé, cela vous rend opiniâtre.

Le 46/1:

Des expériences uniques se produiront au cours de votre vie. Vous êtes prêt à partager avec les autres, à la condition que les événements qui arrivent fassent partie de votre façon de penser et à la condition aussi que les autres n'essaient pas de vous dominer. Votre forte volonté exprimée par de douces manières fait de vous un chef. Vous aimez être le centre d'attraction. Votre habileté, votre imagination et votre enthousiasme vous apportent le succès au travail et au jeu. Une enfance heureuse et des souvenirs réconfortants vous donnent la stabilité et le goût de vous aventurer plus loin dans le monde. Cette attitude vous vaut de recevoir le meilleur de la vie. Par contre, si vous êtes négatif, vous vous accrochez au passé, ressassant des souvenirs, et refusant d'accepter le présent. Vous êtes alors enfantin et irresponsable, attirant par le fait même une baisse de rendement et un enrivonnement dépourvu de connaissance.

Le 47/11:

Durant votre vie, vous aurez à faire face à plusieurs conflits personnels et à un manque de stabilité émotionnelle. Il y aura un conflit entre le côté émotionnel et pratique de votre nature. Pour garder votre motivation, vous devez toujours avoir un but précis. Grâce à votre charme et à votre magnétisme, vous attirerez les autres à vous et les richesses du monde vous seront offertes. Cependant, un petit défaut vous domine: à mesure que vous amassez vos trésors un à un, vous commencez à vous rendre compte qu'ils n'apportent pas la joie que vous en attendiez, car, pour vous, ils n'ont pas de vraie valeur. C'est dommage! Mettez de côté le vieux dicton, *qui donne beaucoup, reçoit beaucoup*. Méditez et servez-vous de votre imagination pour gagner la sagesse et l'inspiration. Vous aurez à faire face à plusieurs événements qui vous donneront la chance de développer votre patience. Vous êtes profondément affectueux et loyal mais vous deviendrez profondément dépressif si l'objet de votre amour se révèle indigne. Sachez faire le partage entre vos émotions et les choses pratiques.

48/3:

Il vous arrive de vous faire du souci pour des choses qui ne sont jamais arrivées; c'est alors que vous gaspillez vos énergies. Vous devez développer la confiance en soi et en l'avenir. On dit que vous êtes aimable et juste envers les autres et que vos facultés psychiques sont bien développées. Vous devez vous rappeler que votre sens aigu des responsabilités, votre sympathie pour la souffrance des autres et votre désir de participer à la communauté peuvent être exprimés à travers des ressources matérielles dans plusieurs cas. Si vous trouvez que les buts que vous avez atteint vous apportent une légère satisfaction, cherchez à opérer à un niveau plus élevé. On vous conseille d'utiliser vos gains matériels pour alléger la souffrance humaine et aussi pour accomplir votre mission.

49/4:

Le succès matériel, le bien-être physique et la sécurité sont les attitudes de cette vibration. Ce sous-nombre peut indiquer un riche mariage, probablement de raison plutôt que d'amour, mais durable. Vous savez quand agir et quand attendre. Une «bonne» vie est importante et ça se reflète dans votre foyer. L'ameublement de votre maison est raffiné et votre réfrigérateur est bien garni car la bonne santé demeure, pour vous, un facteur essentiel. Une assiette bien garnie est pour vous, la récompense de votre dur labeur. C'est la raison pour laquelle il faudra toujours surveiller votre poid. Si vous vivez de façon négative, cher *49/4*, vous développez beaucoup de théories, qui sont rarement appliquées. Le succès vous vient trop facilement et il y a alors danger de stagnation et de paresse, ce qui vous empêche d'atteindre de nouveaux horizons. L'insécurité se glisse et l'orgueil vous gonfle de nouveaux fleurons. Comme résultat, vous devenez rassasié par vos propres désirs et une mauvaise santé peut s'installer. N'oubliez jamais que le nombre *4* est synonyme de *travail*.

50/5:

Ce nombre confère une vibration de bonheur et de succès durables et vous entoure d'amis et d'affection. Votre compréhension instinctive fait que les autres recherchent vos conseils. Positivement, malgré que vos talents pourraient mener à la réussite, vous préférez le plaisir et l'amour, à la richesse et la fantaisie. Vous aimez vous déplacer librement et communiquer avec votre entourage. Heureusement, le *0* vous confère une protection divine qui vous aidera à développer votre sens pratique. Apprenez à ne pas vous laisser mener par des natures plus fortes que vous ou agressives. Plusieurs changements heureux surviendront dans votre vie si vous vivez positivement.

51/6:

Vous êtes intelligent et perceptif, vous avez l'habileté d'analyser les deux côtés de la médaille par une brève évaluation. On dit que vous êtes un guerrier, combattant pour le bien et la justice. Vous êtes attiré par une profession ou les discussions de vie ou de mort ont une place en commun. Malgré votre nature prudente, vous avancez parfois dans la vie, au centre des tumultes et des remous. Heureusement que vous êtes alerte et observateur. Par contre, si vous vibrez négativement, vous serez cruel et trop sévère, vos actions âpres vous amèneront des difficultés légales. Vous vous créez des ennemis par une conduite acharnée afin d'atteindre le pouvoir et c'est alors que vos rivaux vous guettent en préparant leur revanche. Le côté destructif de ce sous-nombre est une menace d'assassinat, si vous êtes dans un office publique bien en vue, et ceci seulement si la charte numérologie le confirme.

52/7:

Supporté par les expériences du passé, vous faites face aux incertitudes de l'avenir avec confiance. Changer les événements et les conditions n'affaiblit pas votre foi. Vous maintenez votre équilibre même sous les pressions émotionnelles du stress. Généralement, vous êtes attiré par le domaine spirituel. La campagne et l'eau vous attirent, et c'est une façon thérapeutique de vous concentrer et méditer, cela permet à votre esprit de voyager. Si vous êtes négatif, votre esprit est plus étroit, vous devenez mesquin et votre jalousie repousse les autres. Les commérages, les mots blessants et une attitude fanatique rend même, les plus compréhensifs des amis, *fous*. Si cette conduite est inconsciente, elle vous donne l'impression de vivre seul. Apprenez à faire le partage entre ce qui semble être vrai et ce qui est faux. C'est de cette manière que vous saurez ce qui a une vraie valeur pour vous. On dit aussi qu'une femme peut causer ces problèmes à la vibration *52/7*. Ce peut être la grand-mère, la mère, la femme, la maîtresse, etc.

53/8:

On vous perçoit comme un être dur et sévère, mais vous gouvernez avec un cœur pur et des motifs courtois. Vous savez que vous avez beaucoup de choses à accomplir et qu'aucun obstacle ne peut vous arrêter. Au lieu de rester passif, vous préférez être l'agresseur. Votre bravoure face au danger pourrait faire de vous un bon leader militaire. Vous aurez des défis à rencontrer durant votre vie, c'est normal, vous êtes l'agresseur. Un bon conseil: gardez vos émotions sous la gouverne de la raison, sinon vous allez dévier de votre mission. La nervosité prendra le dessus, vous vous battrez dans le vide en contournant tous les obstacles et c'est alors que votre courtoisie se changera en extravagance. Vous vibrerez dans la haine et la jalousie. Si vous vibrez négativement, vous attirez les menaces, les luttes et les risques d'accidents et blessures.

54/9:

Eh bien, cher *54/9*, on dit que vous vivrez une longue vie. Il est facile pour vous de vous ajuster aux demandes de votre environnement. C'est pourquoi vous êtes un candidat de première qualité pour du travail gouvernemental ou des services diplomatiques. Vos qualités humanitaires et conventionnelles vous aident à régler vos problèmes avec succès. Si vous êtes négatif, vous devenez rusé, malin et vous utilisez votre intelligence pour déjouer les autres. C'est alors que vos énergies sont dispersées et vos ressources épuisées. Tôt ou tard, votre plan sera révélé et on vous jugera sévèrement. Positivement, votre vie est longue, mais négativement, la maladie vous guette.

55/1:

Voir la vibration supérieure.

56/11:

C'est un nombre maître comme tous les *11*. Il y a une énergie nerveuse sous cette vibration. On vous nomme les *peacemakers* de la Numérologie. L'important pour vous est de créer l'harmonie autour de vous. Vous êtes très flexible, c'est pourquoi vous devez faire attention de ne pas succomber aux opinions des autres. Pour vous, la musique fait appel à votre sens du rythme et elle est nécessaire à votre équilibre. Vous êtes artiste, raffiné, agréable et préférez le travail mental, au labeur physique. Il se peut que vous changiez de travail souvent. Si vous vibrez négativement, vous devenez indécis, les associés sont malhonnêtes et vous serez dupé. La négativité vous apporte une vie sans productivité.

57/3:

Cette vibration correspond au nombre de la compréhension qui vient du cœur. Vous avez mûri à travers plusieurs expériences et la souffrance. Ce sous-nombre donne de la vitalité et le sens de l'humour. La vie vous place souvent dans des situations où vous pourrez aider les autres à régler leurs problèmes. Soyez toujours positifs car vous aurez des désillusions et votre cœur sera blessé. Tellement déçu que vous serez dépressif et amer. La solitude et l'isolement en seront le résultat. On vous conseille de ne pas pleurer sur votre sort, de travailler votre grand sens de l'humour et d'essayer de voir d'un point de vue détaché, la fragilité de la nature. Vous préférez souffrir que causer des injustices aux autres. Votre fragilité en est-elle la cause?

58/4:

Les gens vous respectent pour votre loyauté et votre honnêteté. Vous croyez en la justice, la pitié, la discipline et la tradition. Vous avez un bon œil pour les détails et l'habileté d'analyser une situation et en venir à des conclusions logiques. C'est pourquoi les gens vous recherchent et ont confiance en vous. À cause de votre activité mentale débordante, des périodes de solitude sont nécessaires afin de relaxer, méditer, et vous recentrer sur vous-même. Sinon, ce sera le négatif qui l'emportera et vous vivrez dans l'inquiétude, la fatigue, ce qui nécessitera une convalescence. Les pressions sociales sont néfastes pour vous; on peut abuser de vos talents d'organisateur. Donc, pour garder une bonne santé physique et morale, évitez le surmenage.

59/5:

Cette vibration ou sous-nombre indique que la personne est prête à se battre pour préserver son idéal et ses droits. Votre esprit est vif; alors, protégez-vous contre les décisions impulsives. Votre vive et pétillante personnalité peut facilement influencer les autres et spécialement le sexe opposé. Sélectionnez des activités qui vous conviennent pour exercer vos talents et évitez la monotonie quotidienne. Ceci vous aidera à canaliser votre surplus d'énergie et à maintenir la paix et la sérénité si nécessaires à votre bien-être. Vous êtes un *gambleur* de nature; alors, si vous sombrez dans le négatif, imaginez les pertes que vous accumulerez. Votre cruauté et votre injustice serviront à déjouer les autres et vous récolterez de cette vie que dégradation et défaites. On vous conseille de maintenir un rythme modéré dans votre style de vie, ce qui vous évitera des accidents d'ordre physique ou moral. Vous avez la force de défendre vos convictions; concentrez-vous sur des projets valables.

60/6:

Ce sous-nombre vous confère le sens du pouvoir. Les gens recherchent vos conseils et votre aide parce qu'ils ressentent vos qualités de guérisseur de l'âme et de l'esprit. Vous combinez la logique et l'imagination d'une manière unique, mais vous préférez travailler de façon autonome. On dit que la carrière artistique ou littéraire vous convient même si vous avez à déployer des efforts continuels pour votre succès. Ce nombre est bénéfique pour les investissements hors du lieu natal. Même si vous aussi êtes sous la protection des dieux à cause du *0*, protégez-vous contre le négatif qui pourrait vous faire gaspiller vos talents créatifs dans des efforts égoïstes, en conservant une attitude d'indépendance, sans égard pour les besoins des autres.

61/7:

Le mot clé pour vous, cher *61/7*, est *accomplissement*. Vous avez le contrôle de vos émotions et la possibilité de commander les autres par votre calme et vos manières réfléchies. Vous êtes un intellectuel raffiné, avisé et savez intuitivement que l'avenir dépend du passé. Vous utilisez les expériences passées pour promouvoir votre croissance et recherchez la perfection; c'est la raison pour laquelle les gens vous trouvent parfois évasif. Vous êtes individualiste mais vous avez besoin d'être épaulé. Lorsque vous vibrez négativement, l'incertitude, l'hésitation et le succès partiel en sont les résultats. Si vous vous détournez de vos réussites, vos plans s'écroulent et les autres profitent de ce qui vous appartient.

62/8:

Vous avez le pouvoir d'atteindre la sagesse et le contrôle de vos forces intérieures, mais évitez de devenir l'esclave de cette intelligence en rejetant tout ce qui est illogique à vos yeux. Vous dominez les groupes par votre habileté d'organisateur. On dit que vous êtes heureux lorsque vous menez de front plusieurs projets. Si vous vibrez positivement, il est impossible que sur cette planète, vous soyez limité par l'aspect matériel. Par contre, si vous vibrez négativement, vous vous limitez, devenez esclave des problèmes, des maladies et des fardeaux, jusqu'à ce que vous retourniez vers la vraie compréhension. Donc, si vous n'avez pas peur de laisser vos vieilles habitudes de côté, vous serez libéré de vos craintes.

63/9:

Vous êtes préoccupé par les chagrins du monde. Cherchez toujours la vérité et efforcez-vous de travailler pour le bien des autres. Cet intérêt pour les autres vous permet de développer un don de guérison. La maîtrise, la discipline, la patience, et l'acceptation de votre nature subtile sont des moyens de bien équilibrer ce sous-nombre ou vibration puissante et complexe. Il serait désastreux pour vous de vous attacher aux biens matériels. Votre mission n'est pas de tout donner vos biens, mais de partager avec les autres la joie que ces biens vous procurent.

Si vous vibrez négativement, cher *63/9*, vous êtes inondé de peines. Vous ne voyez que la douleur et le chagrin autour de vous et votre potentiel si prometteur s'anéantit. Si vous utilisez les situations menaçantes comme des outils constructifs à votre vie, vous surmonterez tous les obstacles.

64/1:

Vous êtes extrêmement individualiste et demeurez souvent célibataire. Par contre, votre personnalité magnétique, votre tolérance et vos manières charitables attirent la joie et l'affection. Vous aurez de bons contacts qui vous aideront à atteindre vos buts. La sécurité est primordiale et vous ferez tout pour la garder. Vous avez de la chance mais, le plus souvent, c'est vous qui la faites parce que vous savez équilibrer vos responsabilités avec vos moments de repos. Si vous vibrez négativement, vous ferez face à plusieurs échecs et vous vous accrocherez avec peur au monde matériel. Chaque chute est une énorme souffrance pour vous. Il vous faut apprendre à développer votre vie spirituelle, sinon il sera difficile pour vous de comprendre que le changement est une manifestation constante dans l'univers et que chaque chose doit mourir et renaître dans de nouvelles formes.

65/11:

Cette vibration est une des meilleures pour obtenir la réussite matérielle à travers votre persévérance, votre intelligence et votre maturité. On dit qu'en captant l'énergie et en la dirigeant d'une manière constructive, vous sèmerez l'abondance dans votre vie. Vous êtes aussi sous la protection de personnes influentes. Vous croyez à l'éducation, aux bonnes manières et à l'approche conventionnelle de la vie. Positivement, on dit que les choses viennent à vous sans effort et aussi que votre devise est: *Le chemin le plus court est la ligne droite*. Autant cette devise vous conduit au sommet, autant elle peut vous faire glisser de la pente, si vous vibrez négativement; on vous compte alors parmi les plus nerveux de la Numérologie et aussi les plus extravagants. Vos ressources seront utilisées à des fins démoniaques.

66/3:

Voir la vibration supérieure.

67/4:

Vous êtes une personne pratique, fidèle et bonne travailleuse qui atteint une grande maturité et est capable de grandes responsabilités. *N'est-ce pas de belles qualités pour ce cher 67/4*? Vous devez toujours utiliser adéquatement vos talents pour la réussite de votre vie. Si vous vibrez positivement, vous regardez et planifiez l'avenir avec calme. On vous nomme *les préventifs de la Numérologie*. Par contre, si vous êtes négatif, vous devenez paresseux et votre productivité est nulle. Vous fuyez les responsabilités, contournez les obstacles et exigez que les autres prennent soin de vous car vous n'êtes jamais satisfait. Votre esprit critique sème des conflits dans votre entourage.

68/5:

Malgré votre apparence extérieure calme, vous êtes intérieurement inquiet, vous vous demandez toujours si vous avez pris la bonne décision. Vous aussi, aimez le luxe et l'argent, et c'est à travers votre effort mental plutôt que physique, que se fait l'apprentissage pour accumuler ces biens. On dit que vous savez écouter et accepter les conseils; c'est la raison pour laquelle votre vie sera confortable. Une attention soutenue est souhaitable pour planifier et organiser car cela compte pour une large part à votre succès. Par contre, ce sous-nombre vécu négativement fait de vous une personne intrigante. Le désir de posséder des biens matériels devient une obsession et cet aspect négatif vous rend imprudent, le gaspillage et les pertes en sont les résultats.

69/6:

Cette vibration confère tous les talents nécessaires pour vous créer une vie de succès et vous donne la qualité de partager généreusement votre bonté dans le domaine des arts et aussi dans tout ce qui apporte du plaisir et de la culture aux autres. On apporte le confort matériel et les gains financiers. Par contre, la personne peut être avare et n'être jamais satisfaite de ce qu'elle possède, si elle vibre négativement.

70/7:

Vous êtes réfléchi, prudent, ambitieux et diplomate. On vous admire dans votre milieu de travail, votre vie sociale, etc. car vous croyez en la justice dans toutes vos transactions. Le *0* vous apporte une grande protection dans toutes vos associations. Vous aurez à faire face à plusieurs situations changeantes, mais vous aurez toujours des solutions harmonieuses car vous avez une compréhension intuitive, qui saisit les émotions des autres. On vous conseille de bien équilibrer votre personnalité, en accordant un temps égal pour le travail et les loisirs, sinon vous aurez de la difficulté à manier votre situation. L'instabilité s'installera, vous serez morose et alors, ce sera des hauts et des bas.

71/8:

Si vous possédez ce sous-nombre, vous êtes aussi fort que le *rocher de Gibraltar*. Votre personnalité est dynamique, déterminée et énergique. On dit que la frivolité n'est pas votre sport préféré. La vie vous demande de déployer beaucoup d'efforts dans vos entreprises, même si vous progressez lentement et sûrement. Pensez grand, étendez vos horizons et donnez une chance à votre potentiel créatif afin de montrer tout ce qu'il peut faire. Si vous vivez ce sous-nombre négativement, vous êtes très indifférent. Donc les opportunités vous passeront sous le nez toujours à cause de votre paresse. Le domaine de l'agriculture est une très bonne direction pour vous.

72/9:

Ce sous-nombre donne de l'habileté pratique, de l'ambition et de la conviction pour accumuler une fortune. En deux mots, vous voulez que votre vie soit un accomplissement utile et pratique. Par contre, il est nécessaire que vous partagiez l'abondance que vous récoltez afin de surmonter votre peur de la pauvreté. Sinon, vous deviendrez égoïste, vous accrochant à vos possessions, de peur de vous les faire voler. Votre avarice vous fera vivre en solitaire, dans la crainte, la méfiance et vous serez privé des joies que votre fortune pourrait vous donner.

73/1:

Vous avez une forte volonté et votre confiance en vous est grande et sert d'inspiration pour les autres. Vous avez du talent pour le show-business, et on dit que vous êtes sur terre pour développer ces valeurs intérieures, pour méditer, acquérir une sagesse profonde afin d'éviter la pauvreté. En d'autres termes, vous avez un choix à faire entre les poursuites matérielles et les richesses spirituelles et, si vous vibrez négativement, les aspects matériels de la vie s'écrouleront facilement.

74/11:

L'élément le plus important de cette vibration est l'équilibre des dettes karmiques présentes. Vous êtes populaire avec le sexe opposé, à cause de votre charme, votre grâce, votre confiance et votre indépendance. Votre orientation sociale et scientifique ferait de vous le meilleur chimiste, médecin ou toute profession ayant un rapport avec la nourriture et l'hygiène. Vécu négativement, ce sous-nombre fera de vous un être vil, sans scrupule, débordant de jalousie, passant de l'euphorie à la dépression.

75/3:

Il faut que vous sachiez, cher *75/3*, que cette vibration apporte la croissance si vous restez ferme, indépendant et fournissez un effort constant et régulier dans le travail. En deux mots, si vous avez les pieds bien ancrés au sol, vous accomplirez vos buts. La bonté divine vous a comblé d'une nature sobre, sérieuse, pratique et sensible. Mais une réaction négative vous fera vibrer avec impatience, ce qui amènera une vie de frustation et de destruction. Votre anxiété peut affecter votre santé et vous n'aurez pas la force et le courage de surmonter les obstacles.

76/4:

Très bonne vibration. Vous accomplissez vos buts en démontrant de la prudence, de la sagesse, de l'honnêteté et l'importance d'un travail ordonné et propre. On dit que vous êtes un génie et le travail ne vous fait pas peur, ce qui vous confère un grand sens de l'organisation et vous conduit à la réussite. Par contre, prenez garde de bien équilibrer le travail et vos moments de repos. C'est bien beau de travailler, mais n'oubliez pas que Dieu se reposa le septième jour de la création.

77/5:

Voir la vibration supérieure.

78/6:

Ce sous-nombre correspond au désir de réalisation autant sur le plan matériel que spirituel. Dans ce nombre, il y a un haut potentiel. Le nombre *78* est le total de la somme des nombres de 1 à 12 *(1 + 2 + 3 + 4 + 5 etc.)* Le 12 est considéré comme nombre parfait de ce cycle, tout comme les 12 mois de l'année, les 12 signes et maisons du Zodiaque pour en énumérer que quelques uns. Si cette vibration est vécue positivement, elle confère à la personne un équilibre parfait entre le plan matériel et le plan spirituel. La récolte est ici la somme des efforts constructifs et personnels et on pourrait ajouter que cette personne s'est manifestée en 1, à travers ses associations en 2, s'est exprimée en 3; par son labeur en 4, elle a appris à jouir de ce qu'elle possédait et s'est épanouie en 5; elle a aimé et fait son devoir en 6, puis elle s'est arrêtée pour voir son œuvre, elle a médité, réfléchi sur la vie en 7; enfin, elle a récolté ce qu'elle avait semé en 8; après avoir passé par toutes ces expériences et acquis des connaissances, elle s'est préparée à moissonner en 9. Et on dit aussi qu'après avoir compris toute la portée de son existence terrestre, elle doit être apte à redonner à l'humanité un grand amour sans limite et *sans frontière.* Si cette vibration ou sous-nombre est vécu négativement, au lieu de donner son amour à l'humanité, la personne servira son *ego* dans un but égoïste parce qu'elle n'aura pas compris et devra recommencer ce cycle d'évolution. Heureusement que la plupart d'entre nous, vivons plus positivement.

Voici que se termine l'interprétation des sous-nombres. Il est impossible d'apprendre par cœur toutes ces définitions. L'important est de retenir les mots clé des vibrations de base et, avec l'expérience, vous pourrez aisément combiner les nombres. Nous avons vu qu'il est impossible de trouver, au niveau de la vibration de naissance, un sous-nombre au-dessus de *71*. Mais, par contre, au niveau de l'expression, vous les trouverez souvent et même ceux des nombres au-dessus de *78*. Prenons, comme exemple, le nombre: *79 ou 81 et même 100 et 113 ou tout autre nombre; vous faites la réduction théosophique (7+9 = 16) (8+1 = 9) (1+0+0 = 1) (1+1+3 = 5)*. Si j'avais le nombre 109, je fais *(1+0+9 = 10)* je ne réduis pas le *10* parce qu'il fait partie des sous-nombres. J'aimerais vous donnez d'autres détails, mais le domaine est si vaste... Vous aurez les détails de ces sous-nombres dans le deuxième ouvrage qui se rapportera aux événements. Comme je l'ai mentionné au début de cet ouvrage, commençons par nous connaître avant de faire face aux événements...

MOTS CLÉS À RETENIR POUR L'INTERPRÉTATION

Vibration 1.

positif: enthousiasme, créativité, originalité, fin diplomate, initiative, art de convaincre, autodidacte, actif, capable de conquérir le monde, capable de manipuler avec dextérité, capable de trouver les remèdes aux problèmes, esprit alerte, ambitieux, meneur d'homme, orgueil.

négatif: bluffeur, vantard, vaniteux, rusé, prétentieux, illusionniste, arriviste, charlatan, menteur, hésitant, incertain, nerveux, enjôleur, suiveur d'homme, indécis.

Vibration 2:

positif: harmonie, sociabilité, beauté, bonté; intuitif, imaginatif, réservé, sincère, accueillant, hospitalier, modeste, calme, délicat, simple; déteste les disputes, charme, personne émotive et affectueuse.

négatif: naïveté, instabilité, négligeance, dissimulateur, hypocrite, sournois, taciturne, rancunier, dualité, détaché.

Vibration 3:

positif: douceur, imagination, tendresse; compréhensif, intelligent, cultivé, séduisant, critique, logique, éduqué, méticuleux, intéressant, poli, littéraire, enseignant, chercheur, talent pour les arts.

négatif: coquet, séducteur, prétentieux, frivole, dédaigneux, hautain, agressif, récalcitrant, désobéissant, envieux, sensible à la flatterie et à la galanterie, capricieux et porté aux plaisirs désordonnés.

Vibration 4:

positif: esprit inventif, courageux, ténacité, débrouillard, rigoureux, ferme, droit, franc, loyal, patient, protecteur, persévérant, réaliste, volontaire, tenace, pratique, laborieux, efficace, grand sens de l'organisation et aussi de l'administration.

négatif: dur, inflexible, entêté, manque de volonté et de persévérance, nerveux, ambitieux à l'excès, autoritaire, opiniâtre et obstiné.

Vibration 5:

positif: diplomatie, respectabilité, bienveillance, indulgence, honnêteté, sens de la morale, du devoir; philosophe, conseiller, compréhensif, psychologue de nature, parfois mystique, personnalité magnétique, curiosité.

négatif: émotivité, instabilité, moraliste; sévère, intolérent, fanatique, vaniteux, manque de sens pratique, catégorique, paresseux, négligeant, enclin aux sautes d'humeurs, impatience; peut devenir un rebelle et un mécontent chronique. Personne qui a besoin de voir pour croire (ce sont des Thomas).

Vibration 6:

positif: affectueux, sens du foyer, fait de bons cordon-bleu, serviabilité, sens des responsabilités, caractère jeune, interrogatif, enthousiasme, critique.

négatif: soupçonneux, séducteur, peureux, inquiet, jaloux, libertin, critiqueur, hésitant, irresponsable.

Vibration 7:

positif: conciliateur, esprit de conquête, maîtrise de soi, réussite par ses mérites, habile, indépendant, charitable, pacifiste; magnétisme sur autrui, courageux, talentueux, intuitif.

négatif: égocentrique, autoritaire, dominateur, tyrannique, ambitieux, orgueilleux; esprit suractivé, tendance au surmenage.

Vibration 8:

positif: esprit discipliné, grande force physique, le nombre du pouvoir, conservateur, organisateur, grande logique, sens pratique, talent d'administrateur, opinions modérées, équilibre.

négatif: égoïste, brutal, insensible, pointilleux, déséquilibré, chicanier, esprit tranchant, soumis, parfois malhonnête.

Vibration 9:

positif: facilité d'isolement, concentration, méditatif, studieux, solitaire, profond, prudent, secret, mystique, économe, humble, modeste, sage.

négatif: méfiant, asocial, avare, triste, craintif, gauche, borné, peureux, illuminé, angoissé, découragé.

Vibration 11:

positif: originalité, audace, courage, énergie, grand magnétisme.

négatif: hésitation, mélancolie, matérialisme pour se satisfaire.

Vibration 22:

positif: pouvoir supérieur, intuition, pressentiments, ambition.

négatif: grand esprit d'aventure, vagabondage, ambition démesurée, tendance à l'emportement.

TROISIÈME PARTIE

CHAPITRE 4

DÉFINITION DES 26 LETTRES DE L'ALPHABET

Ce livre resterait incomplet si je ne vous parlais pas des lettres de notre alphabet. Chacune de ces lettres contient une signification au niveau mental, physique, émotif et intuitif. Lorsque nous sommes entre amis, il est incroyable de constater comment les lettres de l'alphabet peuvent nous amuser en nous permettant d'établir le caractère d'une personne, et cela sans faire d'effort particulier. Le prénom nous informe du comportement social de la personne et le nom de famille de l'aspect professionnel. La première lettre du prénom et du nom sont celles qui s'expriment avec le plus d'énergie.

Reprenons l'exemple de Brenda Piché: B = 2 P = 7
2 + 7 = 9

On peut dire que Brenda Piché a une nature secrète (2) et qu'elle possède le goût pour l'étude (7) dans les domaines qui concernent l'humanité (9). Elle est très sentimentale et aime le confort de la vie (2). Si sa créativité s'exprime, elle pourrait exceller dans le domaine des recherches (7), car son idéal est de bâtir un monde meilleur (9). Par contre, elle aura besoin d'apprendre à se concentrer et à ne plus disperser ses énergies (lettre C de Piché). Le C est une lettre charnière car elle se trouve au milieu du nom. On la retrouve seulement dans le cas d'un nom ayant un nombre impair de lettres. La lettre charnière indique un courant d'énergie bloqué, donc la possibilité de problèmes et parfois un défi que la personne doit relever. Lorsque vous serez capable d'interpréter aisément les nombres ou les lettres, vous serez en mesure d'épater les gens dans une petite soirée, tout en vous amusant.

L'interprétation que je vous donne s'applique à l'analyse du caractère pour ce qui est des lettres de passage qui déterminent les prévisions. L'interprétation vous sera donnée dans le deuxième ouvrage.

Le A est une lettre cérébrale, positive; elle donne de la confiance en soi, de l'ambition, un esprit entreprenant, du courage, des qualités de dirigeant, de l'indépendance et de la franchise. Négativement, elle indique de la violence, de l'impatience, de la grossièreté, de la rudesse, de l'autoritarisme et de l'arrivisme.

PREMIÈRE LETTRE DU PRÉNOM

La personne possède des qualités de bon dirigeant mais elle ne les exerce pas toujours. Elle est plutôt aventureuse et a un besoin de s'identifier par ses actions.

DERNIÈRE LETTRE DU PRÉNOM

Elle donne la tendance à agir de manière indépendante, sans jamais s'attarder au passé.

PREMIÈRE LETTRE DU NOM DE FAMILLE

Elle donne l'art de résoudre les problèmes, la possibilité de relever les défis. Mais pour réussir, la personne doit travailler seule, même si elle a horreur de l'ennui. Cela indique aussi que le sujet à toujours besoin d'exercer son esprit d'initiative et de créativité.

SI LA LETTRE EST AU MILIEU DU PRÉNOM

Ex. Chantal C H A (N) T A L

La personne est naturellement impatiente et ne supporte pas de se soumettre à une quelconque autorité.

PLUSIEURS A DANS LE PRÉNOM ET LE NOM

Cela indique des aspirations très élevées et donne le désir de s'améliorer. Les personnes sont très intelligentes, franches et se déplacent rapidement. De nature spontanées, elles foncent d'abord et regarde ensuite.

B Le B est une lettre émotive; elle donne de la créativité mais aussi de la timidité. Elle fait des personnes introverties. Leur nature profonde et amoureuse leur fait aimer la vie et se lier facilement d'amitié. Elle donne le goût du luxe, la recherche du confort et indique de l'imagination et de la réserve.

PREMIÈRE LETTRE DU PRÉNOM

La personne a un sens esthétique développé et aime la beauté. Elle est sentimentale et aime le confort de la vie. En amour, elle aime les personnes démonstratives. Elle recherche des gens qui ont des positions sociales élevées et aussi qui ont de l'esprit.

DERNIÈRE LETTRE DU PRÉNOM

La sécurité financière leur est indispensable; cela fait partie de leur plus grand souci.

PREMIÈRE LETTRE DU NOM DE FAMILLE

On peut dire que leur carrière sera dirigée dans le domaine des finances ou dans un domaine qui concerne les produits de luxe. Elles sont douées pour gérer l'argent des autres. Ces personnes travaillent durement afin qu'un jour, elles cessent de travailler pour jouir de la vie.

SI LA LETTRE EST AU MILIEU DU PRÉNOM

Cette personne est consciente de sa valeur personnelle. Elle recherche souvent la stimulation des sens. Elle aime faire l'amour et mange passionnément.

PLUSIEURS B DANS LE PRÉNOM ET LE NOM

Ces personnes ont un esprit constructif et une bonne mémoire. Ce sont des gens sensuels qui préfèrent la qualité à la quantité.

C Le C est une lettre intuitive. Positivement elle donne de l'intelligence, un esprit inventif, une facilité d'adaptation, un esprit vif et jeune. Négativement, elle incline à la nervosité, à l'agitation, à une curiosité maladive et une tendance au bavardage.

PREMIÈRE LETTRE DU PRÉNOM

La personne est créative, ingénieuse et pleine de talents. Elle s'adapte facilement aux idées des gens, avec qui elle est en contact. La majorité de ses amis sont philosophes à leur manière, extravertis, loyaux, dotés d'un esprit vif et subtil.

DERNIÈRE LETTRE DU PRÉNOM

Elle apprécie la logique et la raison. Elle a tendance à intellectualiser et à chercher des réponses à toutes les questions, même si ce n'est pas toujours utile.

PREMIÈRE LETTRE DU NOM DE FAMILLE

Elle est douée pour l'enseignement, le commerce et le travail au sein des communications. Elle a le don de la parole et de la facilité pour l'écriture. Elle peut avec succès jouer le rôle d'intermédiaire.

SI LA LETTRE EST AU MILIEU DU PRÉNOM

La personne a besoin d'apprendre à se concentrer et à ne plus disperser inutilement ses énergies. On lui conseille de ne pas essayer de vouloir tout faire car une vie n'est pas suffisante pour tout accomplir...

PLUSIEURS C DANS LE PRÉNOM ET LE NOM

La personne est très créative; par contre, nous lui conseillons de ne pas trop parler. Elle a un besoin de connaissances, veut tout savoir, mais n'approfondit pas assez.

La lettre D indique une personne qui a besoin de se sentir indispensable et aimée, mais qui a aussi besoin d'aimer. Les liens familiaux sont importants, mais ces liens ne doivent pas être des chaînes. Elle est réceptive, loyale. Par contre, elle peut parfois avoir une timidité excessive et être obstinée.

PREMIÈRE LETTRE DU PRÉNOM

Cette personne aime être le protecteur de son foyer. Elle est conservatrice et patriote. Elle est toujours disponible à aider les autres. Elle respecte toujours sa parole même si elle l'a donnée à la légère. Elle aime côtoyer des amis stables.

DERNIÈRE LETTRE DU PRÉNOM

La personne est très serviable, protectrice, et souvent engagée dans des affaires de cœur afin d'aider les autres. C'est une personne active, efficace, pratique et qui se déplace souvent.

PREMIÈRE LETTRE DU NOM DE FAMILLE

Cette personne peut travailler dans le domaine de l'alimentation, de l'habillement, dans les garderies d'enfants et même dans les hôpitaux. Certaines de ces personnes, dans la vie, seront sujettes à écouter les problèmes des autres. Leur grande sincérité attire les gens.

SI LA LETTRE EST AU MILIEU DU PRÉNOM

Ne vous laissez pas étouffer par la famille. Vous risquez d'être trop attaché à votre papa et votre maman. Dominez vos sentiments, ne laissez pas les autres vous dominer.

PLUSIEURS D DANS LE PRÉNOM ET LE NOM

Vous avez un sens élevé de la famille. Vous êtes aussi convaincu qu'il faut vivre harmonieusement pour assurer votre sécurité financière et celle de votre famille. Vous désirez protéger et aussi être protégé à la fois.

Le E est une lettre physique qui correspond à toutes les formes de communications. Elle donne à la personne des dons pour l'écriture, la parole et l'enseignement, un esprit vif et curieux, de la créativité et de l'habileté. Parfois, tendance à l'exagération.

PREMIÈRE LETTRE DU PRÉNOM

Cette lettre indique que la personne a toujours besoin de communiquer, de s'exprimer. Par contre, elle n'a pas toujours l'occasion de le faire pleinement. Elle aime fréquenter des intellectuels et des aventuriers.

DERNIÈRE LETTRE DU PRÉNOM

Les échanges d'idées sont importants pour vous. Cet énergie nécessite l'emploi et l'expression de votre intellect. Vous détestez que l'on déforme vos propos. On vous conseille d'éviter la paresse car vous avez énormément de talents à déployer.

PREMIÈRE LETTRE DU NOM DE FAMILLE

La personne est douée pour le commerce, la communication et l'enseignement. Elle a toujours un pas d'avance sur les autres, et son esprit fait toujours des heures supplémentaires!

SI LA LETTRE EST AU MILIEU DU PRÉNOM

La personne est capable de parler interminablement sans jamais dire ce qu'elle pense vraiment. Par contre, elle est aussi capable de déformer la vérité.

PLUSIEURS E DANS LE PRÉNOM ET LE NOM

Cette personne est très curieuse, capable d'apprendre rapidement et de parler de n'importe quel sujet. Elle est bavarde, et veut tout savoir. On dit qu'elle peut lire plus d'un livre à la fois.

Le F est une lettre intuitive. Elle est un symbole de la maison et la famille. Elle indique que l'individu a besoin de briller, de paraître et d'être acclamé; elle donne aussi la capacité de diriger et d'exécuter.

PREMIÈRE LETTRE DU PRÉNOM

Ces personnes ont besoin de s'exprimer d'une manière créative. Elles ont besoin d'être aimées, appréciées, et aussi être le centre d'attraction. Généralement, leur nature est amicale mais parfois, elles ont tendance à éviter les contacts intimes. Elles aiment s'entourer de personnes indépendantes, réservées et sortant de l'ordinaire.

PREMIÈRE LETTRE DU NOM DE FAMILLE

Personne très à l'aise en public. Elle peut œuvrer facilement dans le spectacle ou la politique. Elle attire facilement l'attention. Pour elle, il est important de gagner le respect, et de se faire apprécier dans son travail. Sinon, elle a le sentiment que ses efforts sont ignorés, elle se sent rejetée et malheureuse.

SI LA LETTRE EST AU MILIEU DU PRÉNOM

Elle a un grand besoin d'apprendre le sens véritable du mot amitié. Elle a besoin d'attention et est prête à tout faire pour être le centre d'attraction.

PLUSIEURS F DANS LE PRÉNOM ET LE NOM

C'est une personne sensible et facile à blesser. Elle se lie facilement aux autres, mais, ensuite, elle se rétracte de peur de s'être trop engagée. Il est très important pour elle de recevoir des marques d'affection afin qu'elle soit heureuse.

G Le G est une lettre *cérébrale*. Positivement, elle donne de l'ardeur au travail, de l'efficacité, un sens de l'ordre et une conscience très développée. Négativement, elle rend la personne agitée, soit qu'elle travaille exagérément ou qu'elle est inactive. Cette lettre indique aussi un caractère secret, solitaire, et centré sur lui-même.

PREMIÈRE LETTRE DU PRÉNOM

Ce n'est pas toujours agréable de travailler avec cette personne car elle aime le travail bien fait et elle devient exigeante pour les autres. Elle aime la perfection et vise toujours à l'atteindre. Elle parle beaucoup et pense aussi beaucoup. Il faut que cette personne évite de se perdre dans les détails. Par contre, cette lettre indique des croyances profondes et l'évolution spirituelle.

PREMIÈRE LETTRE DU NOM DE FAMILLE

Cette personne aime un travail bien défini qui exige de la concentration. Elle est efficace, ce qui fait d'elle un employé apprécié. Il lui arrive d'être très active ou à d'autres moments d'être très passive. Ces personnes ont tendance à passer d'un extrême à l'autre.

SI LA LETTRE EST AU MILIEU DU PRÉNOM

Elle aura besoin d'évaluer soigneusement sa manière de travailler. Elle aime rendre service mais parfois elle en fait trop. Quelquefois, elle déborde d'énergie et ensuite elle devient indolente.

PLUSIEURS G DANS LE PRÉNOM ET LE NOM

Elle aime connaître tous les détails d'une situation. Elle peut avoir un esprit très organisé et critique. Parfois et même souvent, ces personnes se montrent très amicales et délaissent les soucis et le travail, mais cela ne dure pas longtemps car elles sont souvent inquiètes.

H Cette lettre est *cérébrale*. Elle indique deux directions de l'évolution c'est-à-dire des hauts et des bas. Elle annonce l'équilibre, l'indépendance d'esprit, et se rattache plutôt au côté financier et ainsi tout ce qui est d'ordre matériel.

PREMIÈRE LETTRE DU PRÉNOM

Nous pouvons dire que la reconnaissance sociale et l'argent sont des facteurs essentiels dans leur vie. Cette personne peut partir la dernière dans tous les domaines. Elle n'a pas besoin de courir et arrivera en même temps que les autres. Elle préfère être son propre patron et mener elle-même sa barque.

PREMIÈRE LETTRE DU NOM DE FAMILLE

Ces personnes sont nées pour être des dirigeants. Elles ont une grande capacité d'organisation, un grand désir de réussir sur le plan professionnel. Elles sont attirées par des travaux de nature à aider les autres. Il est très important qu'elles soient payées pour le faire. Ces personnes recherchent la reconnaissance sociale et ont un sens aigu des affaires.

SI LA LETTRE EST AU MILIEU DU PRÉNOM

Il faut que ces personnes apprécient la valeur véritable des possessions matérielles et en assument les responsabilités.

PLUSIEURS H DANS LE NOM ET LE PRÉNOM

La réussite et la réalisation de soi sont des forces motrices primaires chez elles. Leurs points forts sont le sens pratique, l'astuce, et l'efficacité froide. Ces personnes ont le sens de la famille, mais les exigences ne les enthousiasment guère.

Elles font passer le travail avant le plaisir et sont des natures indépendantes, individualistes et réservées. Elles ne se mêlent pas des affaires des autres.

I Cette lettre est *émotive*. Elle favorise le plan philosophique et celui de l'enseignement. La personne est sensuelle, terre à terre et elle doit être appréciée pour sa beauté et son charme. Elle indique aussi l'accomplissement des désirs et le succès dans la sphère d'évolution. La personne sera gentille et prévenante. Négativement, elle sera mesquine et obstinée.

PREMIÈRE LETTRE DU PRÉNOM

C'est une personne loyale et sincère. Elle est démonstrative dans son amour et son affection. Il arrive parfois qu'elle tire plaisir de sa nature sensuelle.

DERNIÈRE LETTRE DU PRÉNOM

Cette personne abordera les événements de manière pratique, réaliste et conservatrice. Par contre, elle éprouve des difficultés à s'adapter aux changements. La sensualité devient chez elle, un art.

PREMIÈRE LETTRE DU NOM DE FAMILLE

Cette personne est douée pour un travail créatif et elle ne s'avoue jamais vaincue. Elle peut aussi réussir dans le domaine des finances, mais ce qui est important pour elle c'est d'obtenir de vrais résultats dans ce qu'elle fait.

SI LA LETTRE EST AU MILIEU DU PRÉNOM

Cette personne doit apprendre à donner et à recevoir de l'amour et, cela, sans arrière-pensée. Son plus grand besoin est de se sentir aimée.

PLUSIEURS I DANS LE PRÉNOM ET LE NOM

Ces personnes ont l'art d'attirer les gens; elles savent partager, donner et recevoir. Elles sont de nature conciliante. Dans la vie, elle ont besoin de sécurité autant émotionnelle que financière. Leur vie amoureuse doit être active et démonstrative. Plusieurs lettres I amènent parfois beaucoup de liaisons à la fois.

J Le J est une lettre *cérébrale*. Elle donne à celui qui la possède, un esprit d'initiative et le sens de la prévoyance. Elle est spontanée et énergique. Cette lettre est celle de la renaissance, et aussi des nouveaux départs. La personne est constamment en quête de nouveaux horizons et d'une nouvelle conscience. Elle possède un esprit de justice et sens de la loyauté. Cette lettre lui donne le goût des voyages et tout ce qui est étranger.

PREMIÈRE LETTRE DU PRÉNOM

Cette personne a besoin d'activité physique pour conserver sa santé. Elle est idéaliste et possède un grand sens moral. Elle a de hautes aspirations et a un sens élevé de la spiritualité. On pourrait dire aussi qu'elle est une étudiante perpétuelle.

PREMIÈRE LETTRE DU NOM DE FAMILLE

Cette personne est douée pour les affaires étrangères. Elle pourrait faire carrière dans l'import-export et même dans un agence de voyages. Je pourrais dire qu'elle aime voyager, mais surtout pour s'enrichir. Elle possède un don dans le sens qu'elle est capable de deviner les désirs des autres gens.

SI LA LETTRE EST AU MILIEU DU PRÉNOM

Ces personnes doivent apprendre à faire preuve de discernement, de justice et de loyauté. Ce sont des gens qui fuyent la réalité.

PLUSIEURS J DANS LE PRÉNOM ET LE NOM

Ce sont des personnes qui désirent comprendre, connaître et savoir. Leur amour pour la justice est souvent la cause de frustrations, lorqu'elles constatent que les autres ne partagent pas ses opinions sur ce point. Par contre, il arrive à ces personnes de devenir parfois dispersées, distraites, imprudentes et capricieuses. Ce qui prime chez les personnes qui possèdent un J, c'est leur sens de la justice et de la loyauté.

K Le K est une lettre *intuitive* qui indique une puissance d'action. Cette lettre vibre supérieurement comme les nombres 11 et 22 et indique un attrait pour la politique, la religion, la philosophie. Elle annonce que la personne a un rôle important à jouer dans la vie et qu'elle peut devenir célèbre. Cette lettre doit être traitée avec respect car elle est tellement puissante qu'elle ne se contente pas de donner la vie, elle la détruit.

PREMIÈRE LETTRE DU PRÉNOM

La personne est capabale de rester seule durant de longues périodes. Elle a horreur que les autres se mêlent de sa vie privée. Elle possède un grand magnétisme. Par contre, elle se réalise assez tard dans la vie.

PREMIÈRE LETTRE DU NOM DE FAMILLE

Cette personne a le sens des transactions financières et possède des qualités d'intuition et de réflexion extraordinaires. C'est pourquoi elle peut analyser et conseiller autrui sans se tromper. Ces personnes lisent dans le cœur des gens.

SI LA LETTRE EST AU MILIEU DU PRÉNOM

Ces personnes ont toujours un besoin obsessionnel de changement et de renouveau dans tous les secteurs de leur vie. Par contre, elles doivent surveiller leur santé.

PLUSIEURS K DANS LE PRÉNOM ET LE NOM

Vos facultés de récupération sont excellentes mais à la condition de ne pas violer les lois naturelles. Il n'y a pas de demi-mesure pour vous dans la vie et soyez positifs.

Le L est une lettre *cérébrale*. La personne qui la possède a besoin de stimulation mentale et d'un moyen pour exprimer ses idées. Elle est raffinée, coquette, charmante et gracieuse. Par contre, ces personnes sont parfois très exigeantes.

PREMIÈRE LETTRE DU PRÉNOM

Cette personne est loyale mais parfois obstinée. Elle est aussi romantique. Il est très important pour elle d'avoir une liaison dans sa vie. Elle aime la paix, mais, de temps en temps, elle a besoin de se divertir.

DERNIÈRE LETTRE DU PRÉNOM

La personne s'efforce de se montrer aussi loyale que possible. Elle est toujours ouverte aux discussions dans l'espoir d'arriver à des conclusions à l'amiable.

PREMIÈRE LETTRE DU NOM DE FAMILLE

Cette personne est douée pour la décoration, la mode et les relations publiques. En outre, elle peut évoluer dans plusieurs milieux et le travail en équipe lui est très agréable.

SI LA LETTRE EST AU MILIEU DU PRÉNOM

Il faudrait absolument que ces personnes prennent conscience de leur valeur, car elles en ont beaucoup.

PLUSIEURS L DANS LE PRÉNOM ET LE NOM

C'est une personne qui désire la paix et l'harmonie dans son entourage. Elle a le sens de la diplomatie et peut facilement deviner les pensées des autres, ou plutôt savoir ce qui leur convient. Parfois, elle peut être morose, obstinée et autoritaire. Elle n'aime pas la solitude, mais a besoin de se retrouver seule parce qu'elle dépense beaucoup d'énergie pour les autres.

Le M est une *lettre physique*. Elle s'apparente à la définition du nombre 4, où la personne se sent sûre d'elle, est patiente et travaille avec acharnement pour obtenir ce qu'elle désire. Cette lettre en est une d'action mais aussi de limitation. Pour cette personne, les liens familiaux sont très importants. Elle s'exprime par la sollicitude, l'amour et la productivité. Négativement, la personne peut devenir morose, mesquine et possessive.

PREMIÈRE LETTRE DU PRÉNOM

Cette personne est très active. Son esprit, sa bouche et ses mains travaillent en tout temps. Elle aime résoudre les problèmes des autres et les liens et engagements familiaux sont très importants pour elle. C'est une personne économe, qui aime s'entourer de gens plus âgés et ayant de la maturité. Elle s'efforce de mettre tout le monde à l'aise.

PREMIÈRE LETTRE DU NOM DE FAMILLE

Les personnes qui ont des problèmes sont attirées par elles, parce qu'elles savent qu'elles y trouvent l'aide et le réconfort attendus. Ces personnes aiment être en contact avec le public.

SI LA LETTRE EST AU MILIEU DU PRÉNOM

Surveillez la dépendance sous toutes ses formes; c'est le conseil que l'on peut leur donner. L'attitude de ces personnes risque d'encourager les autres à dépendre d'elles, ou de se mettre elle-mêmes dans une position de dépendance.

N Le N est une lettre *cérébrale*. Elle indique une personne à l'esprit scientifique, qui est conciliante, changeante, et qui s'adapte facilement. Positivement, elle indique le discernement, l'exactitude, une approche analytique de la vie et un souci du détail. Négativement, elle porte la personne à l'isolement, à une inquiétude obsessive et à des sentiments de culpabilité très marqués.

PREMIÈRE LETTRE DU PRÉNOM

Cette personne recherche la perfection pour elle et les autres, mais elle ne veut pas l'admettre. Elle est ordonnée, exigeante et disciplinée. Tout ce qui a trait au domaine de la santé l'intéresse.

DERNIÈRE LETTRE DU PRÉNOM

Ce sont des personnes qui on besoin de contrôler les situations. Elles aiment le travail bien fait.

PREMIÈRE LETTRE DU NOM DE FAMILLE

Les secteurs où ces personnes peuvent exercer le mieux un métier sont: la comptabilité ou gestion financière et aussi le domaine médical.

SI LA LETTRE EST AU MILIEU DU PRÉNOM

Le danger qui existe est celui de se faire exploiter à cause de leur grand besoin de rendre service.

PLUSIEURS N DANS LE PRÉNOM ET LE NOM

On peut dire que ces personnes réfléchissent beaucoup avant d'agir. Elles font preuve de discernement.

Malgré leur facilité à discuter avec autrui, ce sont des personnes timides. Leur santé les préoccupe beaucoup mais, par contre, à certains moments, elles la négligent beaucoup. En outre, nous pouvons dire qu'elles sont organisées et ont un sens critique très développé.

O Le O est une lettre *émotive*. Elle peut indiquer toutes les passions jusqu'à l'aveuglement. Dans le quotidien, elle confère amour et responsabilité pour la vie. En général, cette lettre marque un intérêt pour l'occulte. Négativement, elle produit les événements fatalistes, et des problèmes d'ordres divers.

PREMIÈRE LETTRE DU PRÉNOM

Ces personnes sont attachées à leur famille et à leur foyer. Elles sont tenaces et prennent la vie au sérieux. Elles dégagent un très grand magnétisme et elles sont très émotives. Certaines d'entre-elles possèdent des qualités de guérisseurs.

DERNIÈRE LETTRE DU PRÉNOM ET DU NOM

Ces personnes traitent leurs affaires de manière pratique et efficace. Quand le travail est terminé, elles tournent la page et ne reviennent jamais en arrière.

PREMIÈRE LETTRE DU NOM DE FAMILLE

Elles sont douées pour la psychologie. La carrière est importante, et ces personnes lui accorde beaucoup de prix. Ces personnes excellent pour résoudre les problèmes des autres, mais elles excellent également pour en créer.

SI LA LETTRE EST AU MILIEU DU PRÉNOM

Le message important à retenir pour vous: détendez-vous car c'est un excellent moyen de vous régénérer. Ce sont des personnes beaucoup trop sérieuses et elles ont tendance à manipuler les autres. Ces personnes accumulent les changements dans leur vie.

PLUSIEURS O DANS LE PRÉNOM ET LE NOM

Ces personnes possèdent de grandes richesses affectives et ont un sixième sens très développé. Elles sont si fortement attachées à leurs opinions que cela leur prend beaucoup de temps à s'adapter à de nouvelles idées.

P Le P est une lettre *cérébrale* et de fréquence vibratoire supérieure. Les personnes qui possèdent cette lettre doivent comprendre que le développement de leur nature spirituelle est la seule et unique orientation juste de leur vie. Elles sont prédisposées aux recherches philosophiques et occultes. Elles ont aussi besoin d'harmonie et d'équilibre dans leur entourage. Dans son sens positif, elle rend aimable, indépendant et individualiste. Ces gens accordent une grande importance à la logique.

PREMIÈRE LETTRE DU PRÉNOM

Cette personne est sociable, paisible et est incapable de travailler dans un endroit stressant. Elle supporte mal les frustations. Elle est lucide, possède une grande force morale et aime être entourée de gens idéalistes.

PREMIÈRE LETTRE DU NOM DE FAMILLE

En général, ces personnes sont douées pour les carrières d'avocat ou de conseiller... car elles sont diplomates et aiment parler. Leur créativité pourrait aussi les faire exceller dans le domaine de la mode et de la décoration.

SI LA LETTRE EST AU MILIEU DU PRÉNOM

Il faudrait conseiller à ces personnes d'accepter les discussions plutôt que de les éviter afin qu'elles gardent leur tranquillité qui leur est si chère. Il est bon de savoir que, dans la vie, l'harmonie se construit parfois par des conflits.

PLUSIEURS P DANS LE PRÉNOM ET LE NOM

Cette personne recherche l'équilibre dans tous les domaines. Elle est très patiente, mais n'abusez pas d'elle, car elle pourrait perdre son calme. Parfois, il lui arrive d'être morose et d'humeur changeante, mais ce n'est que temporaire. Cette personne désire garder et préserver son individualité, et préférera rompre une relation plutôt que de se soumettre à un partenaire.

Q La lettre Q est une *lettre intuitive*. Elle donne à celui qui la possède des qualités martiales. C'est une lettre de régénération, d'espérance et d'harmonie. Elle permet de trouver la foi dans ce que l'on entreprend. Si on applique cette lettre de façon concrète, on peut dire qu'elle est axée sur les richesses du monde. Elle donne aussi à la personne de l'enthousiasme, le besoin d'explorer de nouveaux territoires et le goût d'acquérir de nouvelles connaissances.

PREMIÈRE LETTRE DU PRÉNOM

Ces personnes ont toujours quelque chose à dire ou à faire, ce qui a pour conséquence qu'elles sont difficiles à suivre. Elles aiment relever des défis et défendre des causes. Elles sont émotives, romantiques et idéalistes et aiment s'entourer de gens très différents les uns des autres.

PREMIÈRE LETTRE DU NOM DE FAMILLE

Ce sont des personnes qui ont un esprit vif et beaucoup d'imagination. Elles ont le don de la parole, et leur tempérament peut être celui d'un sportif. L'excitation, les défis et la recherche font leur bonheur. Les voyages par terre, par air ou par mer leur conviennent à merveille.

PLUSIEURS Q DANS LE PRÉNOM ET LE NOM

C'est une persone qui s'ennuie facilement. Elle est alerte, rapide, excitable et optimiste à l'excès. Elle est démonstrative, aventureuse et très sensible. Par contre, elle a tendance à voir trop grand, ce qui a pour conséquence qu'elle peut manquer de réalisme.

R

Le R est une lettre *émotive*. Elle crée un climat de vie tendu à l'extrême à celui qui la possède. Cette personne a un air sévère et une allure d'aspect militaire. Par contre, c'est une lettre de pouvoir, qui détermine l'influence que la personne peut avoir sur les autres. Faites attention d'utiliser ce pouvoir positivement. Généralement, la personne est vive et habile, aime relever des défis. Mais si cette personne vibre négativement, elle devient impatiente, impulsive, et a tendance à refouler ses émotions.

PREMIÈRE LETTRE DU PRÉNOM

Ce sont des personnes indépendantes, actives, logiques, volontaires et prêtes à se battre pour obtenir ce qu'elles veulent. Il arrive souvent qu'elles perdent patience et ont des difficultés à supporter des activités qui ne leur conviennent pas. Elles prennent facilement des décisions pour les autres, mais pour elles-mêmes, elles ont de la difficulté à en prendre.

DERNIÈRE LETTRE DU PRÉNOM

Cette personne réfléchit longuement avant d'agir.

PREMIÈRE LETTRE DU NOM DE FAMILLE

Ce sont des personnes ambitieuses et motivées par leur carrière. Elles doivent devenir leur propre patron. Les projets et les idées ne leur manquent pas.

SI LA LETTRE EST AU MILIEU DU PRÉNOM

Nous leur conseillons d'utiliser leur potentiel intellectuel au maximum et apprendre à avoir confiance en leurs capacités. Elles ont peur de prendre des risques.

PLUSIEURS R DANS LE PRÉNOM ET LE NOM

Ces personnes sont des leaders nés. Elles ont toujours quelque chose à faire et à dire et ont souvent un air autoritaire.

Le S est une lettre *émotive*. C'est la renaissance de l'être sur le plan social. Cette personne sait comment s'y prendre pour gagner de l'argent car elle a le sens des affaires, de l'autorité et de l'argent. Elle a besoin qu'on la respecte et a aussi besoin de responsabilités et de réussites. Si elle vibre négativement, elle devient autoritaire, rude, timide anti-sociale et portée à la dépression. **S**

PREMIÈRE LETTRE DU PRÉNOM

La personne a souvent des idées de grandeur, mais comme elle a le sens pratique, elle sait les modérer. Sa position sociale compte beaucoup pour elle. Elle aime s'entourer d'individus émotifs et dépendants.

DERNIÈRE LETTRE DU PRÉNOM

Ces personnes traitent leurs affaires de manière pratique et sérieuse car cela leur permet de se mettre en valeur.

PREMIÈRE LETTRE DU NOM

Ce sont des personnes qui se soucient de l'opinion des autres. Elles assument leurs responsabilités de manière froide, détachée et sans émotion. Elles ont un grand sens des affaires mais elles auront à travailler durement, afin d'atteindre leurs objectifs.

SI LA LETTRE EST AU MILIEU DU PRÉNOM

Elles ont besoin de gagner de l'argent pour prouver leur succès à la société mais aussi pour se convaincre de leur propre valeur.

PLUSIEURS S DANS LE PRÉNOM ET LE NOM

Ce sont des personnes qui peuvent mener deux carrières à la fois. Elles ont le sens de l'organisation et elles préfèrent la qualité à la quantité.

La lettre T, est une lettre *émotive* et fait ressortir l'originalité de la personnalité. Elle détermine l'action qui entraîne la personne à vouloir prendre des initiatives, et apporte des événements heureux. Cette lettre est un mélange de sentiment, de connaissance intérieure, d'intuition et d'imagination. **T**

PREMIÈRE LETTRE DU PRÉNOM

Cette personne aime garder secrète son intimité. Elle essaie de dissimuler ses sentiments, mais elle ne réussit pas toujours. Elle a tendance souvent à en faire trop pour plaire aux autres. C'est une intuitive et elle est aussi attirée par l'étrange et l'insolite.

PREMIÈRE LETTRE DU NOM DE FAMILLE

Ce sont des personnes sur qui on peut compter. Les affaires internationales sont favorables pour elles. Elles ont besoin de liberté, elles sont créatives et recherchent des individus exigeants et pratiques.

SI LA LETTRE EST AU MILIEU DU PRÉNOM

Nous conseillons à ces personnes de remplacer leurs sentiments de peur par des sentiments de confiance. Elles devront chercher l'équilibre entre leurs sentiements et leurs pensées.

PLUSIEURS T DANS LE PRÉNOM ET LE NOM

Ces personnes sont très intuitives et sensibles. Il leur arrive même parfois de confondre l'imagination et la logique. Elles recherchent la connaissance de vérités abstraites, de systèmes et de principes de foi qui opèrent tous dans un cadre universel. Leurs sentiments profonds et généreux s'expriment poétiquement. Il ne faut pas oublier que leur esprit est curieux.

U La lettre U est *une lettre intuitive*. Elle indique l'accomplissement, l'éclat, la clarté. Elle confère à celui qui la possède une grande imagination. Cette personne est sincère, possède plusieurs talents et est démonstrative. Si elle vibre négativement, elle peut avoir la folie des grandeurs, être obstinée et manquer de tact.

PREMIÈRE LETTRE DU PRÉNOM

Ces personnes ont des conceptions humanitaires et un esprit tourné vers l'avenir. Elles sont généreuses à l'excès, de nature charitable et consacrent beaucoup de leur temps pour des causes justes. On peut dire aussi qu'elles passent plus de temps à l'extérieur que chez elles.

PREMIÈRE LETTRE DU NOM DE FAMILLE

Elles sont douées pour l'enseignement, le droit et la religion. Si elles choisissent l'enseignement c'est parce qu'elles désirent partager tout en continuant d'apprendre. Elles ont une compréhension intuitive des gens, ce qui leur permet d'être à l'aise avec tout le monde.

SI LA LETTRE EST AU MILIEU DU PRÉNOM

Le meilleur conseil que l'on peut leur donner est celui de s'efforcer de rester l'esprit ouvert. Parfois, elles ont tendance à avoir des préjugés.

PLUSIEURS U DANS LE PRÉNOM ET LE NOM

Ce sont des personnes qui désirent améliorer la condition humaine. Pour cela, elles devront s'efforcer de garder un juste milieu car parfois elles peuvent être très généreuses et d'autres fois mesquines. Elles passent facilement de l'enthousiasme à la dépression. Elles ont le don de la parole mais elles peuvent déformer la vérité.

Le V est une lettre *intuitive* et est celle du mysticisme et de la révélation. Elle a l'influence de la vibration 22 supérieure. Elle donne à celui qui la possède de l'individualité, de l'indépendance, et le goût de travailler en solitaire. La personne est originale et évoluée. Si cette personne vibre négativement, elle lui donne de l'excentricité, de l'obstination et des sautes d'humeur fréquentes. **V**

PREMIÈRE LETTRE DU PRÉNOM

Ces personnes ont besoin d'indépendance et désirent résoudre leurs problèmes seules. On peut aussi dire que ces personnes, même si elles ne l'admettent pas, désirent être leur propre maître. Elles n'aiment pas se faire dire ce qu'elles ont à faire, et aussi elles n'aiment pas le dire aux autres. C'est pour cette raison qu'elles portent seules leur fardeau.

PREMIÈRE LETTRE DU NOM DE FAMILLE

Ces personnes doivent être libres de corps et d'esprit parce qu'elles ennuyent facilement leur entourage. Elles sont douées pour toutes les professions qui concernent la science et la technologie, l'ingénirie ou la médecine. En outre, se sont des personnes qui détestent recevoir des ordres et ne supportent pas de se sentir enfermées.

SI LA LETTRE EST AU MILIEU DU PRÉNOM

Le meilleur conseil que nous pouvons leur donner est celui d'apprendre à obéir si elles veulent savoir bien commander!

PLUSIEURS V DANS LE PRÉNOM ET LE NOM

Ces personnes ont beaucoup d'amis. Elles ont un besoin insatiable de liberté. Elles ne manquent pas d'idées et leurs centres d'intérêts sont très diversifiés. Par contre, elles sont très émotives.

Le W est une lettre *physique*. Cette lettre confère le goût du changement. Elle donne à celui qui la possède de l'assurance, de la logique et de l'intelligence. Elle se traduit positivement, par une nature joyeuse, rayonnante, généreuse et aimante. Négativement, elle donne à la personne de l'orgueil, de l'égoïsme, du snobisme, de l'obstination et de la domination.

PREMIÈRE LETTRE DU PRÉNOM

Les gens qui possèdent cette lettre sont sensibles et n'aiment pas qu'on les rejettent. Quand ils sont blessés, ils s'isolent. Ils ont besoin d'exprimer leur créativité et aiment entretenir de bons contacts avec les enfants.

Exemple: Walt Disney.

PREMIÈRE LETTRE DU NOM DE FAMILLE

Ces personnes sont douées pour parler en public, pour commander et pour toutes les activités créatives. Elles ont aussi un grand sens de l'organisation. Elles sont très paresseuses si elles vibrent négativement.

SI LA LETTRE EST AU MILIEU DU PRÉNOM

Nous conseillons à ces personnes d'apprendre ce qu'est l'humanisme. Sinon, un jour, elles risquent d'être victimes de leur orgueil.

PLUSIEURS W DANS LE PRÉNOM ET LE NOM

Ces personnes ont une volonté de fer et elles aiment s'amuser. Elles aiment briller, se distinguer des autres; elles sont fières, volontaires et décidées à réussir.

X Le X est une lettre *émotive*. Elle confère à la personne le doute et l'hésitation. Cette lettre est faite en forme de croix (X), ce qui signifie qu'elle n'est pas tellement favorable. Elle indique que la personne porte son fardeau. Par contre, cette lettre est très favorable sur le plan spirituel et indique que l'esprit est développé par l'imagination et l'intuition. Si la personne est négative, elle a tendance à la dispersion, ce qui l'empêche de construire sur des bases solides.

PREMIÈRE LETTRE DU PRÉNOM

Ces personnes possèdent beaucoup de talent, mais elles manquent de sens pratique. Elles sont hyper-actives et difficiles à suivre. Ces personnes n'ont pas besoin d'entraîneur, mais plutôt d'un guide.

PREMIÈRE LETTRE DU NOM DE FAMILLE

Ces personnes ne sont jamais à court d'idées. Ce qui leur manque, c'est la faculté de savoir s'arrêter à temps. Elles ont des qualités de vendeur ou de comédien. Elles s'épanouiront dans une carrière qui demande du changement ou de la diversité.

SI LA LETTRE EST AU MILIEU DU PRÉNOM

Nous leur conseillons de s'inscrire à des séances de méditations, afin qu'elles apprennent à se concentrer pour acquérir plus de patiente.

PLUSIEURS X DANS LE PRÉNOM ET LE NOM

Si ces personnes veulent réussir dans la vie, elles doivent faire beaucoup d'efforts, car elles ont des talents multiples. Elles ont tellement de possibilités, qu'elles sont incapables d'en exploiter une seule.

Le Y est une lettre *intuitive*. Elle indique protection et évolution. En astrologie, elle symbolise la planète Neptune qui représente les illusions, les rêves, les inspirations et la spiritualité. Elle vise la réussite, la reconnaissance sociale et la richesse. Si le sujet est positif, elle indique la prudence, la maîtrise, le sens des responsabilités, le sens pratique. Négativement, elle conduit au snobisme, à l'obstination, à l'insécurité et à l'inquiétude.

PREMIÈRE LETTRE DU PRÉNOM

Ce sont des personnes qui aiment travailler à leur rythme et à leur manière. Même si elles ne le démontrent pas, elles possèdent des qualités de dirigeants et un sens aigu de l'initiative. Ces personnes aiment s'entourer de gens protecteurs, sensibles et affectueux.

PREMIÈRE LETTRE DU NOM DE FAMILLE

On peut dire aussi que ces personnes préfèrent donner des ordres qu'en recevoir. Leur réussite professionnelle, leur réputation et leur compte de banque sont très importants pour elles. Ce sont des personnes de nature indépendante.

SI LA LETTRE EST AU MILIEU DU PRÉNOM

Elles devront apprendre à accorder aux autres la même liberté qu'elles se donnent à elles-mêmes et accepter l'autorité des autres.

PLUSIEURS Y DANS LE PRÉNOM ET LE NOM

Ces personnes recherchent l'appui d'amis protecteurs, car elles veulent vaincre de profonds sentiments d'insécurité. Par contre, elles sont prêtes à travailler durement pour atteindre leurs objectifs. Elles savent se montrer modestes, sont maîtres de soi mais elles ont un esprit calculateur. L'indépendance est leur mot d'ordre personnel.

Le Z est une lettre *émotive*. C'est une lettre de bon augure car celui qui la possède peut aisément réussir dans tous les domaines. Elle est en rapport avec la vie intérieure et représente le doute et la recherche de la vérité. Dans son aspect positif, elle apporte la chance financière, l'art d'être au bon endroit, au bon moment. On peut dire que ces personnes ont des guides spirituels. C'est en réalité la lettre du karma en action.

PREMIÈRE LETTRE DU PRÉNOM

Ces personnes sont compatissantes, créatives, sensibles, impressionnables, rusées, et possèdent des dons psychiques. Elles sont appelées à vivre avec un entourage qui à constamment des problèmes de santé ou d'argent.

PREMIÈRE LETTRE DU NOM DE FAMILLE

Il est essentiel que ces personnes exploitent leurs capacités créatrices. Elles ont un avenir tracé dans le domaine des soins et des services. Un travail constitutionnel leur conviendrait aussi. Mais elles doivent être sensibilisées à ce fait, car ce sont des personnes qui peuvent se passer de travailler.

SI LA LETTRE EST AU MILIEU DU PRÉNOM

Nous leur conseillons d'apprendre à accepter l'idée qu'elle jouissent de la protection des dieux, sinon elles causeraient leur propre malheur. Elles seraient portées à s'apitoyer sur elles-mêmes, et à se culpabiliser. Elles doivent remplacer leurs craintes par la foi.

PLUSIEURS Z DANS LE PRÉNOM ET LE NOM

Ce sont des personnes intuitives et protégées par des forces supérieures. Elles savent se montrer à la hauteur de la situation. Elles aiment les autres et les aident, sans se mettre en évidence. Nous leur conseillons de faire attention aux exploiteurs.

CHAPITRE 5

LA COMPATIBILITÉ ENTRE DEUX PERSONNES

Avant de parler de la charte numérologique qui fait l'objet du dernier chapitre, je tiens à vous entretenir de la définition de certains nombres en rapport avec d'autres, et cela, au niveau du couple. Bien sûr, je ne vous transmet que les lignes directrices, mais peut-être y aura t-il un troisième ouvrage sur la compatibilité des gens entre eux à tous les niveaux? J'espère que Dieu m'en donnera la chance, car c'est un domaine très intéressant, tant au niveau des amours, des associations, des affaires et des relations parents/enfants, etc. Mais pour le moment, contentons-nous de ce court chapitre.

Il est intéressant d'établir la comparaison des nombres entre eux au niveau du *nombre de l'idéal* quc possède chaque personne, à savoir si les aspirations sont les mêmes. Je m'explique: référez-vous au chapitre 1, et reportez-vous à la section qui concerne la compatibilité des nombres. Les nombres se comparent aussi au niveau du nombre *d'expression et de la vibration de naissance*.

Vous pouvez analyser aussi *le plan d'expression* de chaque individu, afin de déterminer sur quel plan ces personnes vibrent. En examinant bien tous ces aspects, vous pourrez constater qu'il y a toujours une solution aux problèmes conjugaux et que le divorce n'est pas toujours la meilleure solution.

Voici maintenant l'interprétation des vibrations combinées entre elles.

VIBRATION 1 AVEC 1

La vibration 1 est individuelle. Donc deux personnes de vibration 1 ont une relation très difficile car chacun va vouloir tirer la couverte de son côté, chacun va vouloir s'imposer à l'autre et chacun va vouloir commander. Donc, la vibration 1 d'une personne annule celle de l'autre et on ne veut pas être celui qui sera annulé. Il y a trop d'activité et de tension nerveuse; ni l'un ni l'autre ne fait de concessions.

VIBRATION 1 AVEC 2

C'est une combinaison souhaitable et harmonieuse car le 2 est capable, par sa bonté, de repasser les plis rugeux de la situation. Le 2 est toujours prêt à faire plaisir à l'autre et à se sacrifier. Il s'identifie à la beauté et n'aime pas l'agressivité. Il fera tout en son pouvoir pour combattre avec bonté, l'agressivité du 1. Cette combinaison est recommandable. On peut dire que le 2 se soumet au 1.

VIBRATION 1 AVEC 3

Le 3, c'est la grâce et le charme tandis que le 1 est celui qui veut diriger, commander et a tendance à critiquer le 3. Le 3 est flamboyant et le 1 sera jaloux du 3. Ce dernier inventera quelques fois des situations fictives car le 3 est charmeur, et il est naturel pour lui qu'on le jalouse.

Le 1 face au 3 devra éviter de dissimuler par la critique, le charme du 3 qui aime tant évoluer dans la vie mondaine et dans les cercles sociaux. Il aime déployer son charme en société, et le 1 bourru devient taciturne, ombrageux devant le moindre sourire que le 3 prodiguera à ceux qui, si gentiment, lui feront des compliments.

VIBRATION 1 avec 4

Cette vibration constitue une solide combinaison. Elle est meilleure pour les affaires que pour l'amour. Le seul danger de cette combinaison est que le 1, parfois égoïste, dit un jour au 4, *tu es trop lent et penses trop avant d'agir.* C'est vrai que le 4 c'est: «les quatre pattes sur Terre» et qu'il ne va pas à la vitesse de ce courant impétueux qu'est le 1, car ce dernier est original et rapide.

VIBRATION 1 avec 5

C'est une des relations intimes les plus difficiles. Le 1 est égoïste et le 5 a une psychologie bien différente. En somme, ce sont les opposés. Le 5 est trop impatient et inquiet pour le 1. Les gens de vibrations 1 et 5 peuvent avoir des relations sexuelles harmonieuses , mais c'est à peu près tout.

VIBRATION 1 avec 6

Croyez-le ou non, c'est une bonne combinaison. La raison est la suivante: le 6 est loyal, adoré et aimé. Il est gentil et toujours prêt à comprendre les besoins d'autrui. Le 6 comprend comme un radar ce que l'on veut de lui, il aime qu'on l'aime et aussi, il adore faire plaisir. Le danger, c'est que le 1 profite des bontés du 6, et peut en faire son valet. Si le 6 est conscient que le 1 abuse de lui, il y a risque qu'il se resaisisse et aille se faire aimer ailleurs.

VIBRATION 1 avec 7

Ce sera l'amour intellectuel. En réalité, ils ne cherchent pas les profondes émotions. Les partenaires se comprennent parce qu'ils sont bons. Mais le 7 fera plus plaisir au 1 que le contraire. Dans cette combinaison, on recommande au 1 d'être moins critique, moins distant, introspectif et plus démonstratif, car si ils apprennent à échanger leurs émotions, ce sera la rencontre de deux êtres mûrs, pour partager une partie de la vie, la meilleure qu'ils puissent avoir ensemble. Les mariages entre le 1 et le 7 sont à conseiller, surtout après la trentième année.

VIBRATION 1 avec 8

Ce sont deux individualités complètement opposées. Rares sont les mariages qui ne sont pas en conflits continuels. Ce n'est pas souhaitable non plus comme liaison romantique car c'est mettre de l'huile sur le feu. 2% sur 10 000 peuvent réussir seulement.

VIBRATION 1 avec 9

Dans l'intimité, le 1 manquera de considération envers le 9. Le 1 ne pêche pas par excès de romantisme. Le 9 pourrait alors se rebeller, reprocher au 1 son égoïsme. Comme on appelle le 9 *la conscience universelle*, l'égocentrisme du 1 ne s'harmonise pas avec lui. Cette union est à déconseiller.

VIBRATION 2 avec 2

Incontestablement, c'est l'harmonie la plus parfaite que l'on puisse concevoir. On ne sait pas comment se faire plaisir. Ici, l'harmonie du couple baignera dans la paix, la tendresse et l'amour. Ce n'est pas la passion, mais la tendresse personnifiée de Philémon et Baucis. «*Ils se sont tellement aimés, qu'après leur mort, le bon Dieu les a changés en arbres jumeaux afin qu'ils soient ensemble pour continuer à s'aimer*».

VIBRATION 2 avec 3

Ces deux vibrations se complètent à merveille. Le 2 est toujours prêt à faire plaisir, et le 3 adore se distraire. Le 3 a plus de magnétisme et plus de personnalité que le 2, mais le 2 possède plus de charme. Ils peuvent évoluer avec plus de profit dans les milieux sociaux. Le 2 sera admiré pour son charme raffiné, et le 3 dansera comme une toupie dans une fête à laquelle ils seront invités.

VIBRATION 2 avec 4

Ici, c'est encore une bonne association. Les partenaires sont aimables et sérieux. Le 4 est plus pratique que le 2, mais le 2 sait le reconnaître. D'après les statistiques, 98% ont atteint l'amour parfait. Bonne association aussi en affaires.

VIBRATION 2 avec 5

Pour que l'entente soit bonne, le 2 devra se contenter de jouer un rôle secondaire, tandis que le 5 se baladera comme un paon, déployant son plumage flamboyant et exibant ses talents pour séduire ceux qui l'écouteront. Mais comme le 2 est toujours enclin à faire plaisir, cette combinaison peut être bonne.

VIBRATION 2 avec 6

C'est une très bonne combinaison, car le 2 et le 6 sont pantouflards et aiment la vie au foyer. Si le 6 trouve le 2 aimable, c'est parce que celui-ci lui apporte «sa petite bouchée dans le bec»; ce sera donc l'amour parfait.

VIBRATION 2 avec 7

Cette combinaison est plutôt difficile. Comme nous le savons, le 7 aime de temps en temps la solitude. C'est à dire que le 7, quand il est occupé à composer, créer, étudier et se perfectionner, il n'aime pas qu'on le dérange pour des riens. Or, le 2 hélas! est tellement mielleux, bon et aimable que, lorsque le 7 sera à travailler, et qu'il lui dira *fout-moi la paix*, le 2 se repliera sur lui-même et sera moins démonstratif. Le 7 trouvera ce comportement anormal, les reproches commençeront à se faire sentir et le 2 deviendra complètement indifférent.

VIBRATION 2 avec 8

Cette combinaison est bonne pour les associations romantiques et les affaires en général. Le 8 aime dominer, le 2 aime se faire dominer et aussi qu'on le traite avec délicatesse. Le danger qui subsiste est que le 8 oublie souvent, il est rude et dur tandis que le 2 est patient. Alors, lorsque le 8 lui aura dit, trois ou quatre fois des rudesses, le 2 prendra ses cliques et ses claques et ira chanter ailleurs son bonheur.

VIBRATION 2 avec 9

Le 2 soustrait du 9 = 7. C'est le mysticisme, la valeur de la planète Neptune + 2. C'est l'amour qui voyage. Rares sont les vibrations 2 et 9 qui ont duré. Le

9 ne sera pas assez démonstratif pour le 2, et pourra même lui mentir de temps à autre. Le 2 se vengera lorsqu'il dévouvrira le mensonge. Dans cette union, il y a toujours des discussions et frictions à craindre. Mais c'est le 9 qui va les créer. On dit que le 9 finit par lasser le 2, et lorsque le 2 en a assez, il s'en va...

VIBRATION 3 avec 3

C'est une des combinaisons les plus harmonieuses. Les partenaires se considèrent les plus beaux du monde et se feront les plus beaux compliments, l'un l'autre. Ils se trouveront les plus excitants, les plus charmants, ayant toutes les qualités! Le danger à surveiller, c'est la maladie. Par contre, si l'un deux est malade, l'autre va se transformer en infirmier ou infirmière.

VIBRATION 3 avec 4

Cette combinaison est bénéfique à la condition de l'attitude que prendra le partenaire de vibration 3 envers celui de vibration 4. Ici, nous devons toujours nous rappeler que le 4 est précautionneux, pratique et stable. Par contre, le 3 aime se prodiguer de ci, de là, par ci par là. Si le 3 reste tranquillement à la maison, le 4 n'élèvera pas la voix pour critiquer.

VIBRATION 3 avec 5

Excitante combinaison. Ils vont s'entendre à la perfection, vont s'attirer sexuellement et mentalement. C'est l'attraction de la personne séduisante, flamboyante. L'idéal serait que les partenaires apprennent à se divertir ensemble et non séparément.

VIBRATION 3 avec 6

D'après les statistiques, 92% des couples possédant cette combinaison ont de bonnes relations. Le charme du 3, son magnétisme, sa joie de vivre, sa loyauté, son amour intense, son adoration pour le 6, assurent que cette union sera bâtie sur des bases stables. Le seul danger est 6-3 = 3. Si le 3 tombe malade, le 6, pour oublier la maladie du 3, oubliera de lui donner ses médicaments et *prendra la bouteille pour se guérir d'un mal qu'il n'a pas*. Car le 6 a tendance à être dépressif s'il vibre négativement.

VIBRATION 3 avec 7

Croyez-le ou non, c'est une bonne combinaison! Ici l'entente sera établie sur un respect mutuel. La joie de vivre du 3 stimulera souvent le 7 et le sortira de sa coquille. Le 7, reconnaissant la joie de vivre du 3, se fera lui-même séduisant et partagera avec le 3 sa joie de vivre. En fait, c'est le 3 qui réussit le plus à façonner la joie de vivre du 7.

VIBRATION 3 avec 8

La combinaison est excellente mais surtout au point de vue sexuel. Le charme du 3 plaira intensément au 8, et le 8, ce dictateur-né, sera moins brutal dans ce tourbillon de joie de vivre qu'est le 3. Ce dernier aidera le 8 à se faire une place dans la société.

VIBRATION 3 avec 9

Celui qui possède la vibration 9 trouve ici son maître car, s'il est vrai qu'il déguise un peu la vérité, le 3 est rempli de joie de vivre. Quand le 9 ira à son hockey, le 3 ira chez la voisine ou vice-versa. Si le 9 arrive trop tard, le 3 arrivera plus tard la prochaine fois. Il se peut qu'un jour, les deux se retrouvent au petit déjeuner. Pour que cette combinaison n'ait pas d'écueils, il faut que le 3 et le 9 sachent entrer à la maison à la même heure, ou qu'ils travaillent et prennent leurs loisirs ensemble.

VIBRATION 4 avec 4

C'est une bonne combinaison, car les partenaires de vibrations 4 ont les mêmes envies, en même temps. Cette combinaison est celle du matérialisme par excellence. Les 4 ouvrent la porte d'une voiture, la ferment en même temps et vont dans la même direction. Ils s'entendent et se comprennent donc à merveille grâce à cette synchronicité.

VIBRATION 4 avec 5

Croyez-le ou non, mais c'est déplorable comme combinaison. Le 4 est trop sérieux pour le 5 qui prend les choses à la légère. D'après les statistiques, le 4 et le 5 se rencontrent sur des coups de foudre, de courte durée. Pour l'amour à court terme c'est bon, mais pour le mariage, pas du tout! En outre, on peut dire que c'est l'amour des roses, il ne dure qu'une nuit.

VIBRATION 4 avec 6

Cette combinaison est favorable, car les partenaires sont pantouflards, aiment leur foyer. Le 4 est sérieux, pratique et loyal. Le 6 n'est pas aussi pratique mais il est loyal, a toujours de bonnes idées, et le 4 les met toujours en pratique. C'est une des meilleures combinaisons autant en affaires que pour le mariage.

VIBRATION 4 avec 7

Ici, les partenaires sont sérieux, ce qui fait une bonne combinaison. C'est la technique intellectuelle alliée à la technique pratique mécanique. Il est vrai qu'ils vont probablement faire l'amour par correspondance et que le 4 va dire: *aujourd'hui c'est mon tour.* Cela n'est pas très romantique, mais bon tout de même. C'est un mariage de raison mais pas d'amour. Ici c'est la combinaison qui fait dire au 4: *Combien tu m'apportes?* et au 7: *À quelle heure tu me fous la paix?* Incontestablement , pas beaucoup de feu et de flammes émotionnelles mais, par contre, il y aura énormément de respect mutuel et de camaraderie. Si tous les couples avaient des vibrations 4 et 7, il n'y aurait pas de divorce ou presque.

VIBRATION 4 avec 8

Très bonne combinaison. Ici, les relations sont intenses. Le seul danger, c'est de savoir qui sera le chevalier? Le 8 voudra toujours dominer et le 4 n'aime pas qu'on lui en impose, à moins que ce ne soit pour une bonne chose!

Il y aura un grand sens de l'économie, de la responsabilité mais il faudra que l'un cède à l'autre ou vice-versa, afin qu'ils décident tour à tour, qui va mener le bal, et c'est ce qui leur conviendrait, à n'en pas douter.

VIBRATION 4 avec 9

On peut dire que c'est toujours une bonne combinaison car s'il est vrai que le 9 est très imaginatif, fin diplomate, capable de déguiser la vérité, le 4 pardonnera une fois, peut-être deux, mais la troisième fois, il changera la serrure de la porte, laissera le 9 coucher sur le perron, et si un jour cela se répétait, le 9 reviendrait trouvant la porte ouverte, mais pas de 4 dans la maison.

VIBRATION 5 avec 5

Ici, c'est la flamboyance versus la flamboyance, et le magnétisme versus le magnétisme. C'est 45° + 45°. C'est à dire deux personnes de force égale. Pour que l'union soit durable, il faut que les dépenses des deux soient égales. S'ils partagent le même compte de banque, il ne faut surtout pas que l'un pige pour se payer du luxe, parce que ça va barder. Il y aurait des frictions qui conduiraient au divorce. Par contre, on dit que 2 vibrations 5, après avoir divorcé, se voient encore et vivent une vie commune parce, sexuellement, ils s'attirent au maximum.

VIBRATION 5 avec 6

Cette combinaison est bonne mais il y a des conditions à remplir. La personne de vibration 5 est stable, responsable, a un sens des valeurs développé et possède aussi ce magnétisme qui le fait souvent devenir un pigeon voyageur. Il aimera avoir une vie sociale active, tandis que le 6 est un pantouflard et préfère rester à la maison. Ici, si le 5 ne concède pas et préfère sortir, il trouvera un jour le postillon dans le lit du 6! Par contre , en affaires, c'est excellent.

VIBRATION 5 avec 7

Ici, c'est l'introverti et l'extroverti. Cette combinaison est harmonieuse car 7 − 5 = 2 qui est aussi le nombre de l'amour. Au point de vue intellectuel, il y a de grandes possibilités d'entente entre eux. Ils doivent apprendre à se respecter mutuellement.

VIBRATION 5 avec 8

Très bonne combinaison à la condition que le 5 comprenne que la vie n'est pas une farandole et que l'on ne doit pas faire la fête tout le temps. Même s'il est vrai que le 8 a une constitution physique robuste, c'est une personne qui brûle la chandelle par les deux bouts. Ça peut aller bien pour un week-end, mais pas tous les jours! Ici, la puisssance magnétique du 5 est un grand atout. De la modération pour les deux, et cette association est vouée au succès.

VIBRATION 5 avec 9

Hélas! le 5 flamboie, le 9 est menteur; ils vont se permettre des écarts tous les deux et chacun de leur côté. Ils sont individualistes, n'aiment pas être relégués au second plan. Ils veulent se faire plaisir, en égoïstes. Le 5, malgré son magnétisme, n'a jamais pu attirer la sympathie du 9 et vice-versa.

VIBRATION 6 avec 6

C'est une des meilleures combinaisons. C'est la douceur personnifiée. Ici, il y aura toujours les mêmes intérêts, les mêmes amours profondes, le même amour pour le foyer et la famille. Ils sont loyaux et ont une grande compassion l'un pour l'autre. Ces personnes ont toujours une collection quelconque dans leur maison.

VIBRATION 6 avec 7

Ici, c'est le désastre. Le 7 est trop introverti et le 6 trop mielleux. Le 6 interférera trop souvent dans la tour d'ivoire du 7. Il faudra que le 6 et le 7 se fassent mutuellement tellement de concessions, qu'il faudrait l'aide d'un psychologue pour que cette combinaison fonctionne bien.

VIBRATION 6 avec 8

Cette combinaison est une bombe atomique! Les partenaires ont des personnalités bien marquées. Le 6 est très affectueux et le 8 est très autoritaire. Pratiquement, l'entente sera difficile. Le 8, étant trop énergétique et dur, n'aura pas toujours de belles manières pour le 6. Or le 6, trop raffiné, sera blessé par les paroles du 8. Il sombrera dans l'alcool ou autres évasions, et lorsque le 8 aura découvert que son 6 n'est plus le même, ce sera la fin de cet union.

VIBRATION 6 avec 9

Il y a possibilité d'entente entre ces personnes, à la condition qu'elles soient toutes deux positives. Il y a beaucoup de concessions à faire et ce n'est pas dans le dictionnaire médical qu'ils trouveront le remède. Il devra exister une grande sagesse dans cet union.

VIBRATION 7 avec 7

Ici, c'est le point d'interrogation; çà peut ou pas du tout être harmonieux. Cela dépendra beaucoup de l'entente intellectuelle entre eux. Il est évident que deux personnes cherchant la solitude et l'isolement peuvent arriver à vivre sous le même toit. Imaginez-vous que ça pourrait commencer de cette façon, par exemple: *Est-ce que tu as acheté de la pâte dentifrice?* Et l'autre de répondre: *Pourquoi ne l'as-tu pas fait toi même?* On se demande comment deux 7 peuvent avoir l'idée de s'associer ensemble. D'après les statistiques, les querelles d'un 7 avec un autre 7 sont peuplées de reproches et se terminent par la retrait de chacun des 7 dans sa tour d'ivoire. Par contre, il y a beaucoup de partenaires 7-7 qui continuent à habiter ensemble pendant de longues années sans divorcer. C'est sans doute à cause du respect mutuel qu'ils ont l'un pour l'autre.

VIBRATION 7 avec 8

Le 7, c'est l'intellectuel qui s'isole, pense, est inspiré et crée. Le 8 peut investir les talents du 7 et l'exploiter à son avantage. Le 7 qui se refroidit facilement pourrait offenser le 8 qui est tellement puissant. Pour que l'union fonctionne, il faudrait que le 7 comprenne que le 8 a besoin d'être respecté et comblé pour sa puissance, et que le 8 soit plus romantique et comprenne le grand penseur qu'est le 7.

VIBRATION 7 avec 9

Très bonne combinaison parce qu'ils ont, en quelque sorte, le même tempérament. Le 7 est dans sa tour d'ivoire tandis que le 9 est dans la rue. C'est l'intellectuel qui s'isole pour étudier et qui ne s'inquiète pas où pourrait se trouver le 9, mais à une condition: que le 9 revienne à la même heure que le 7 sort de sa tour d'ivoire et lui prépare son met préféré. Les rapports devront être basés sur le respect du 7 pour la liberté du 9, et le respect du 9 pour l'intellectualisme du 7. À ces seules conditions, l'union pourra être durable.

VIBRATION 8 avec 8

Excellente combinaison si la femme laisse son partenaire mener la barque. Si c'est le contraire qui se produit, on est foutu! Ici, il y a incontestablement les mêmes intérêts, les mêmes désirs, la même force physique. Pour que cela fonctionne, il faudrait que chacun mène sa barque. *Une journée c'est moi qui mène et demain ce sera toi.* Dans les relations amoureuses, ils vivront des moments très intenses tous les deux.

VIBRATION 8 avec 9

Pour que le succès règne au sein de leur vie de couple, les partenaires doivent avoir beaucoup de maturité. Par contre, du côté professionnel ou de la carrière, ils vont s'entendre à la perfection. Mais s'ils basent leur union sur le sexe avant celui des affaires, cela ira beaucoup moins bien.

VIBRATION 9 avec 9

C'est une excellente combinaison à tout point de vue. Ici, les tempéraments sont identiques. Les personnes ont les mêmes intérêts. Elles sont portées vers les mêmes plaisirs, les mêmes joies. Un seul conseil cependant: Ne sortez jamais l'un sans l'autre car si vous prenez cette habitude, vous prendrez des chemins différents et on ne vous verra plus souvent ensemble!

J'espère que ce chapitre vous a plu et détendu. Ces définitions sont très générales et il y a d'autres aspects à considérer avant de faire l'analyse complète pour savoir si il y a entente ou non dans le couple. La Numérologie tout comme l'Astrologie sont des sujets vastes et encore mal connus. Je vous rappelle que les nombres ne sont ni bons, ni mauvais, car il n'est pas possible de faire évoluer quelqu'un, au-delà de son propre potentiel d'évolution. Ne soyez pas sceptique, cher lecteur, mais soyez prudent et restez toujours les deux pieds sur notre planète.

CHAPITRE 6

INTERPRÉTATION D'UNE CHARTE NUMÉROLOGIQUE

Le choix n'a pas été facile pour vous citer, comme exemple, une personnalité connue. Vous répondrez peut-être que ce ne sont pas les noms *qui manquent*, c'est vrai, mais j'avais un choix à faire parmi plusieurs personnalités aussi intéressantes les unes que les autres.

Vous faire connaître la charte numérologique de plusieurs gens connus mondialement dans différentes carrières, soit artistique, politique, sportive, etc. aurait été intéressant pour prouver que la Numérologie est une science mais, par contre, connaissez-vous intimement ces gens-là? Ceci aurait nécessité presque la moitié de cet ouvrage.

En limitant ce chapitre sur l'art de l'interprétation, j'ai essayé de vous donner beaucoup de matière sur la définition des nombres.

Comme thème, j'ai choisi *ELVIS ARON PRESLEY* parce qu'il est connu à travers le monde entier et aussi de toutes les générations. La charte d'Elvis est très intéressante au niveau du caractère mais aussi au niveau prévisionnel, sujet qui fera l'objet d'un deuxième volume. Je me suis dit aussi qu'il existait plusieurs biographies de cette vedette et que vous aurez l'occasion, cher lecteur, de vérifier la concordance des deux approches.

CHARTE NUMÉROLOGIQUE D'ELVIS PRESLEY

ELVIS ARON PRESLEY, né le 8 Janvier 1935

A J S	= 1
B K T	= 2
C L U	= 3
D M V	= 4
E N W	= 5
F O X	= 6
G P Y	= 7
H Q Z	= 8
I R	= 9

GRAPHIQUE KARMIQUE

Nombre 1:	3
Nombre 2:	0
Nombre 3:	2
Nombre 4:	1 (22)
Nombre 5:	4
Nombre 6:	1
Nombre 7:	2
Nombre 8:	0
Nombre 9:	3
Total............	16 lettres

PRÉNOM: Elvis Aron

NOM: Presley

DATE de NAIS: 8 Janvier 1935

ÉLÉMENTS	
feu 1 – 3 – 9	9-1
terre 4 – 8 – 6	4-8-8-
air 5 – 6 – 11	11 – 6
eau 2 – 7 – 22	

	mental	physique	émotif	intuitif	total
CARDINAL	A	E	O R I Z	K	
	A	E E E	I R R O	—	8
MUTABLE	H J N P	W	B S T X	F Q U Y	
	N P	—	S S	Y	5
FIXE	G L	D M		C V	
	L L	—	—	V	3
TOTAL	5	3	6	2	16 lettres

REMARQUES: V.N. = 8 – 1 – 1935
8 – 1 – 18 = 27/9

1- Lettre du centre (V) (S)

2- Initiales E = 5 A = 1 P = 7 = 13/4

NOMBRES à retenir

ACTIF: 40/4
HÉRÉDITÉ: 37/10 = 1
EXPRESSION: 17/8
IDÉAL: 11/2
RÉALISATION: 6
VIBRATION de NAISSANCE: 27/9
JOUR DE NAISSANCE: 8
Nombres karmiques: 14-14-26
Leçons karmiques: 2-8
Nombres en excès: 1
Nombres maîtres: 38
SOUS-NOMBRES: 17-38-20-60-40-21-37-10-17

IDÉAL	14/5					7/7											17/8 = 38/20								11/2
VOYELLES	5			9			1		6							5			5	7					
PRÉNOM + NOM	E	L	V	I	S		A	R	O	N				P	R	E	S	L	E	Y					
CONSONNES		3	22		1			9		5				7	9		1	3							
RÉALISATION	26/8					14/5											20/2 = 60/15								6
PRÉNOM + NOM	5	3	22	9	1		1	9	6	5				7	9	5	1	3	5	7					
EXPRESSION	ACTIF 40/4					21*3								HÉRÉDITÉ 37/10 = 98/17 =											17/8

Elvis a rencontré plusieurs frustrations *(11 et 8)* ce qui l'a empêché durant son enfance d'exprimer ses désirs *(11 et 8)*. Par contre, son idéal était tellement puissant *(11)* qu'il est parvenu tout de même à s'épanouir et à se réaliser. Malgré les ajustements et la sensation d'être limité *(8 et 9)*, sa vie a quand même été facile. Son enthousiasme et sa stimulation *(11 et 9)*, ont été le résultat de son accroissement.

Elvis possédait les qualités requises pour mener à bien ses affaires; il pouvait s'impliquer socialement et travailler avec les autres *(mental dominant)*. Par contre, il lui arrivait parfois de manquer d'organisation *(peu de lettres dans le physique)*. Son sens artistique l'empêchait de développer son sens analytique et de voir les faits concrets *(excès de lettres dans l'émotif)*. Même s'il était capable de travailler avec les autres, il préférait être seul, afin de pouvoir se centrer sur lui-même *(intuitif)*. On pourrait ajouter que les Presley ont le nombre 1 comme hérédité, donc, ils sont de nature indépendante, sont fiers et ont beaucoup de principes. Elvis était perfectionniste dans tout ce qu'il entreprenait *(actif 7)* et désirait posséder les plus belles choses de le vie *(actif 7)*. Il était un ami fidèle, dévoué et discret *(actif 7)*. Notre cher Elvis était capable de commencer aisément des nouveaux projets, et canalisait ses énergies dans une direction bien définie *(dominant cardinal)*. Malgré son énergie, il lui arrivait de manquer de persévérance, mais, par contre, quand il le voulait, il était capable de travailler et réalisait beaucoup de choses en peu de temps *(dominant cardinal)*. Il ne pouvait vivre sans émotions; il avait besoin d'action autour de lui; c'est pourquoi il lui arrivait de provoquer parfois de petites chicanes *(dominante émotive)*. Lorsque Elvis n'était pas conscient de ses sentiments ou n'était pas capable d'y faire face, cela lui occasionnait des problèmes et des peurs irrationnelles. Le nombre karmique 14 se répète deux fois dans sa charte. Il a abusé de sa liberté dans une vie antérieure. Donc, durant cette vie sur Terre, il a dû accepter les théories sans les vérifier dans la pratique, afin d'éviter une rupture sentimentale de même que la maladie (nombre karmique 14).

Il devait aussi apprendre à développer la sagesse et la force, à travers sa propre maîtrise *(26/8)*. Il était poétique, imaginatif *(38/11)*, capable de combiner la logique et l'imagination d'une façon unique *(60/6)*. Pour réussir à terminer des choses, il devait porter une attention particulière aux détails *(nombre 2 manquant)*. Souvent, il imposait ses idées aux autres quand il se sentait nerveux *(nombre 1 en excès)*. Malgré les apparences, il était difficile pour lui de discerner le vrai du faux *(nombre 9 en excès)*, peut-être aussi à cause de sa naïveté *(17/8)*, ou de son grand sens humanitaire *(9)*? Elvis était recherché pour ses conseils *(60/6)* et la protection divine était avec lui *(60/6)* ce qui lui assura une carrière artistique *(60/6)*. On peut dire qu'il a quand même travaillé fort *(60/6)* pour arriver à s'accomplir *(61/7)*, et ceci à cause de son intellect raffiné et avisé.

***

J'espère que vous saisissez bien le sens de cette interprétation. Prenez le temps et vérifiez chaque phrase avec chaque nombre. Même si nous avons tous les ingrédients sur notre table pour faire du bon pain, cela ne veut pas dire qu'il sera réussi!, car l'art de pétrir la pâte est aussi très important.

Dans une charte numérologique, tous les nombres découverts à partir du prénom, du nom et de la date de naissance sont nos ingrédients. Ils ont besoin d'être interprétés subtilement, afin d'apporter une interprétation particulière.

Pratiquer cette science ou faire du bon pain demande beaucoup de pratique et de patience. Vous devez toujours vous souvenir qu'elle ne doit pas être une béquille dans votre existence. Même si l'inconnu nous attire, il arrive aussi qu'il nous fasse peur. Sachez l'utiliser sagement et ne pas en abuser. Encore une fois, le mot clé est *patience*. Assurez-vous que les données de votre consultant ou consultante sont exactes. Beaucoup d'erreurs se glissent, surtout dans la date de naissance. Peut-être moins de nos jours, à cause des naissances dans les hôpitaux.

***

Elvis a réalisé son idéal, ses buts, ses aspirations *(38/11)* en harmonie avec la vibration de naissance. Jusqu'à l'âge de 28 ans environ *(explication dans le deuxième volume)*, il attirait la confiance des gens *(9)* par sa compassion, son humilité, sa loyauté et même son altruisme *(9)*. Son apparence réservée, et son esprit conservateur *(9)* faisait de lui une personne respectée. Il avait la force de combattre car son idéal *(38/11) est aussi la vibration du visionnaire (11)*. Il avait beaucoup d'aide du cosmique *(11). Soyez sage lorsque vous utiliserez vos pouvoirs pour créer des projets impossibles à réaliser par les autres car vous serez piégé (11)*. Je crois qu'Elvis avait inconsciemment fait le choix trop difficile pour lui de payer ses dettes karmiques. La vibration de naissance 9 n'est pas le chemin le plus facile; c'est le grand combat entre le spirituel *(9)* et le matériel *(8)*. Plus on monte haut dans la vie, avec une vibration de naissance 9, plus il y a danger; donc Elvis a succombé et a continué d'abuser de sa liberté et de son pouvoir. Il avait la foi *(7)* mais il s'est trop centré sur lui-même *(excès du nombre 1).* Il a abusé de ses énergies à travers une utilisation extravagante des richesses matérielles *(38/11)* ce qui a provoqué un divorce *(2, nombre manquant)* fait qu'il n'a jamais accepté, malgré les apparences.

Vous voyez comme il est important de vivre positivement! La Numérologie n'est pas complexe et elle peut nous aider à réussir notre vie au lieu de la détruire.

Avec amour, je vous envoie les meilleures vibrations, et à bientôt!

MOT DE LA FIN

J'espère que cet ouvrage vous ouvrira des horizons, chers lecteurs, qui ont bien voulu me lire jusqu'à la fin. Ce premier ouvrage se limite à découvrir notre caractère. Vous comprenez maintenant pourquoi il est important de donner beaucoup de matière et pas seulement des mots clés. La première pensée, lorsque j'ai décidé d'écrire ce livre était: *Je veux que tous les gens, des moins instruits au plus instruits puissent comprendre facilement ce livre.* J'espère ne pas avoir trahi ma pensée! J'aimerais attirer votre attention sur l'interprétation d'une charte numérologique. C'est l'ensemble qu'il faut voir; en deux mots, *faire une synthèse.* L'analyse, point par point est nécessaire au début; par contre, elle amène des contradictions et ne reflète pas la vraie carte d'identité.

Si vous apprenez à travailler avec les mots clés et à relire souvent le dernier chapitre de la charte numérologique d'Elvis Presley, vous parviendrez à faire une synthèse. La Numérologie n'est pas un art divinatoire, c'est une interprétation logique et concrète. Il faut avoir confiance en vous et aux nombres et je vous assure que lorsque vous aurez terminé le deuxième livre concernant les prévisions, on vous comptera parmi les Numérologues compétents et non parmi les charlatans. La Numérologie peut nous guider en tout: le travail, le temps de se trouver un job, acheter une maison, choisir un compagnon de vie, comprendre nos enfants, nos parents, nos amis, éloigner les mauvaises énergies de notre entourage, l'achat d'une auto, la signature d'un contrat, etc.

Il ne faut pas oublier que nous avons le choix. Dusty Bunker dit, et personnellement, j'aime sa philosophie, que certaines personnes pensent que quelque chose va leur arriver, parce que c'est déjà décidé à l'avance par L'Être suprême. Ceci n'est pas plus vrai que de dire que l'hiver va nous donner une pneumonie! C'est vrai que si on ne s'habille pas, on ne mange pas et on ne dort pas, l'hiver peut nous donner une pneumonie. Par contre, la pneumonie n'est pas une conséquence de l'hiver. Nous ne pouvons pas changer les saisons, mais nous pouvons changer nos agissements durant ces saisons. Nous sommes nés avec des qualités, des tendances et des habiletés spécifiques. Ceci ne peut pas être changé et fait partie de nous-mêmes. Dusty Bunker termine en disant que la charte numérologique est le résultat de ce que nous sommes déjà et non pas, ce que nous allons être. Le nombre est une énergie qui n'est ni bonne, ni mauvaise, et c'est nous qui avons le choix de faire vibrer le nombre positivement ou négativement.

La morale de cette histoire est simple: nous sommes responsables de notre vie, et personne ne peut régler la note à notre place. C'est vrai qu'il semble y avoir des héritages injustes à la naissance, comme la pauvreté, les infirmités, etc. La terre est parfois une dure école pour apprendre à développer notre foi.

J'espère que ce volume aidera chacun de vous à comprendre sa personnalité, et aussi tous ceux qui n'ont pas encore trouvé l'aide nécessaire, pour leur évolution. Je termine avec une phrase de Félix Leclerc que j'aime bien: «*Le verbe AIMER pèse des tonnes de chagrins, de joies, de doutes, d'extases. NE LE FUIS PAS, le verbe NE PAS AIMER pèse encore plus lourd*».

Je vous envoie les meilleures vibrations.

BIBLIOGRAPHIE

NUMBERS OF LIFE:
Mark Gruner and Christopher K. Brown Taplinger Publishing / New York.

YOUR DAYS ARE NUMBERED:
Florence Cambell, DeVors & Company Marina del Rey, California.

NUMEROLOGY AND YOUR FUTUR:
Dusty Bunker, Para Research, Massachusetts.

DICTIONNAIRE ASTROLOGIQUE:
Henri-J. Gouchon, Dervy-Livres.

LE GUIDE COMPLET DE LA NUMÉROLOGIE:
Matthew Oliver Goodwin, New Castle Publishing.

SYMBOLISTE ET NOMBRE D'OR:
Théo Kœlliker, Édition Des Champs Elysées.

POUVOIR DANS LE NOM:
Shirley Kiley.

Le guide complet
de la numérologie des temps modernes
(les prévisions)

Dans l'ouvrage que vous venez de lire, je vous ai donné l'interprétation des vibrations, en relation avec le caractère de l'individu. La définition des nombres ou vibrations au niveau des prévisions vous sera donnée dans le deuxième ouvrage. Vous y trouverez: *les cycles de la vie, les années, mois et jours personnels, à quel moment faire face aux leçons karmiques, les lettres de transit, les maisons astrologiques, et d'autres méthodes pour découvrir les événements importants et les héritages de nos vies passées...* Vous verrez aussi comment les *LAMES DU TAROT* peuvent apporter un éclairage particulier à l'interprétation des prévisions.

Si vous avez besoin de renseignements en ce qui concerne le premier ouvrage ou si des questions vous préoccupent, je me ferai un plaisir de répondre à toute demande si elle est accompagnée d'une enveloppe affranchie à votre nom et adresse. Adressez votre envoi à:

Le Centre d'Astro-Numérologie
du SUD-OUEST inc.
C.P. 537,
Valleyfield, Québec,
J6T 5L3

Lithographié au Canada
sur les presses de
Métropole Litho Inc.